営業の神様

ヤマナシさんが教えてくれたこと

早崎郁之

ある日、僕は「営業の神様」と出会った。

彼と過ごした180日。

そこで教えてもらったのは、

単なる営業テクニックではなく、

仕事、そして人生を成功に導く大切な教えだった。

装画

mizuki

装丁

長坂勇司

(nagasaka design)

営業の神様　ヤマナシさんが教えてくれたこと　〈目　次〉

プロローグ

日本橋で出会った営業の神様はキャラメルの匂いがした

東京の春は足元で感じることができる。街路樹の桜の花が風に吹かれ、花びらが高層ビルに囲まれた道路を通って、遠くまで転がってくるからだ。桜の下にいなくとも、春を知らせる柔らかな色彩の花びらが足元に届けられる。

ここは東京・日本橋のカフェチェーン店のカウンター席。外はようやく来た春の陽気に満ち溢《あふ》れ、昼時の十二時を過ぎると、束の間、業務から解放された会社員やOLたちが、財布を小脇に抱えながら行き来する。

そんな中、カウンター席に座る男の顔は曇っていた。まだ二十代前半と思《おぼ》しき顔からは血の気が感じられず、眉《まゆ》の辺りから険が漂っている。時折、鞄の中から入念に準備したであろう分厚い資料を慣れない仕草でパラパラと確認するが、しばしば手が止まってしまう。

彼の名は早崎郁之《はやさきいくゆき》。去年秋ごろ、中古マンションの販売とリフォームを手がける不動産会社に転職し、営業として採用されたばかりだ。元々第一志望の会社ではなかったが、社長もまだ四十代前半と若く、会社のイメージも悪くなかった。若手にも仕事が任せられ、自由な社風で経験ゼロからでもスキルを伸ばしながら働けるというのが売りだった。勤務体系はフレックスタイム制で、自分で働き方を調整でき、活躍した社員には表彰制度が設けられていて、給与にもインセンティブとして反映される。

不本意なスタートではあったが、「ここなら頑張れそうだ」と思ったのだ。その時は。

早崎は今日午前十時のアポイントメントを思い出す。相手は、数週間前のリフォーム入門オンラインイベントに参加していた夫婦だ。早崎の会社では、敷居の高い不動産購入とリフォームを身近に感じてもらうために、定期的にイベントを開催している。今どきのリフォームのコツ、下町特集、おひとりさま物件など、多様なコンセプトで開催され、参加者がイベント終了後のアンケートの「詳しく話を聞きたい」の項目にチェックをすると、営業から個別相談の案内が入り、購入シミュレーションができる流れになっている。

申し込みをしてくれた夫婦はまだ検討段階で、物件購入を具体的には決めていないが、購入する場合に重視したい条件欄にはいくつか回答があった。

早崎は、希望条件に合致していて、都心へのアクセスも良い物件をいくつか夫婦に提示した。会社からは、希望条件に合った物件を提示して、お客様の家を所有する意欲を高め、購入時期と条件を明確にするフェーズにまで持ち込むように指示されている。

物件のリサーチはバッチリだ。これならいい感触が得られるだろうという自信があった。

しかし、オンライン打ち合わせで得た感覚は真逆だった。

画面の向こう側に映る妻、高峰《たかみね》早紀《さき》は、黒髪のミディアムヘアに切れ長の目が静かな印象を与える人だった。物件購入のための心得の話を淡々と聞き、小さくうなずいている。その夫である高峰豊《ゆたか》は銀縁のメガネに癖毛がちの黒髪、ゆったりとしたニットを着ていて物腰も柔らかい。こちらも丁寧に話を聞いてくれる。二人はともに三十代で、落ち着いた雰囲気を持つ、今どきの夫婦だ。

いざ、希望条件に合う物件を早崎のパソコン画面を共有しながら紹介し始めると、画面の向こうの夫婦はさらに静かになった。

二人はどの物件の紹介でも「なるほど」「ああ、いいですね」と口々に言ってくれるが、気のない生返事が続く。不動産の購入は大きな買い物だから、物件の紹介を希望したといっても、とりあえず話を聞いてみただけという人も少なくない。この夫婦も今すぐには購入したいと思っていないのだろうか？　打ち合わせのクロージングとして具体的に購入に進む場合のフロー図を見せる頃には、二人は本当にマンション購入を検討しているのかと早崎は疑問を持ち始めていた。

何が相手に刺さっていないのかわからないまま時間が過ぎ、夫婦は「紹介してもらった資料を元にいったん検討します」と持ち帰ることになった。Ｚｏｏｍの終了ボタンを押す時に、また次のステップにつなげられなかったのかと、早崎は大きなため息をついた。

お客様を具体的な購入フェーズにまでつなげられない。

週一回ある部内ミーティングの際に上司である森山さんに相談しようと思ったが、彼は次のアポイントメントがあるらしく、ミーティングが終わるとバタバタと出かけてしまった。会社に残っていた先輩に恐る恐る相談してみたが、彼は事細かに話す早崎の方をチラリとも見ずに、目の前のパソコンの画面に集中している。

「で、説明フローに沿って物件の紹介をしているのですが、お客さんの反応が薄くて……。希望条件に合った魅力的な物件を紹介することはできています。でも、いったいどうしたら具体的に購入を考えてもらえるのか……」

先輩の黒縁メガネに反射するブルーライトの光は微動だにしない。

「あのさあ、どうのこうの一人でぐちぐち言ってないで、とにかくイベントに来たお客さんで詳しく話を聞きたいって人に、どんどん当たっていったら？　そのお客さんがダメなら次のお客さん。新人は根性と足を使うんだよ」

会社のフロアにキーボードのタイピング音が冷淡に響く。早崎は「わかりました」と言って引き下がるしかなかった。

この会社は社長が業界のたたき上げで始めた会社だ。求人情報として掲げていた内容の通り、裁量の幅が広いのは事実だったが、お客様対応はすべて自分で管理しなくてはならない。

教育制度は一応設けられているが、新人でもノルマがあるため、杓子定規《しゃくしじょうぎ》の教科書的な教育だけでは追いつかないのが実情だ。頼みの直属の上司、森山さんは多忙のため、週一回の1on1《ワンオンワン》ミーティング以外では話すこともない。何より、彼は早崎を採用する際に現場社員として面接してくれた人だった。せっかく自分の能力を買ってくれた人を、こんなこともできないのかと失望させたくない。

周囲の社員は平均年齢が低く、早崎と同じ二十代から三十代が多い分、体育会系の雰囲気が強い。業務の仕方も個人中心なので、仕事の仕方そのものについて広く相談できる環境ではない。「自分で勝手に学び、結果を出すべし」という圧がある。物件購入の考え方や手続きのフロー図など、基本資料は会社が準備してくれたものがすでにある。営業前の事前準備は抜かりなく、紹介する情報に抜け漏れはない。それなのに一向に早崎の営業成績は上がらなかった。

同じく中途入社してきた女子社員は、自由気ままな性格で業界経験もないようだから、当初は自分の方ができるだろうと踏んでいたが、今は大きく先を越されている。自分はプレゼンテーションも人と話すのも苦手ではないし、論理的に話すこともできているはずだ。なのになぜ結果が出ないのか。外出先で立ち寄った書店では手当たり次第に心理学の本や話し方の本を手に取った。読んでいる最中は「これだ」と思うものの、いざ実践しても空回りするばかりだった。

このままではいけない。早崎が氷が溶けてすっかり薄くなったアイスコーヒーを一気飲みして立ちあがろうとすると、視界の隅に奇妙なものが映る。焦点を当てると、金融街でもある日本橋の洗練された雰囲気には似合わない、下町の「喫茶ミヤビ」とかいう古い純喫茶に入り浸っていそうな、不格好な中年の男が店のドアの前に立っていた。そして横にはいかにも中小企業の社長という風情の男がいる。二人は遠慮というものを知らず、大声を出しながら入店し、騒がしく着席した。

中小企業の社長風の男がテーブル席にどっかりと座りながらこう言う。

「ややあ、いつもの喫茶店とは違うけど、まあここでいいや。今日、ハルオ社長は来ないんだっけ？」

「今は海外出張中なんですよう」

「ああそう。今は本社に戻ってるんだっけか。にしても今日はなんだか暑いねえ。この前までは寒くて仕方がなかったのに」

「いやあ、本当ですよ。私なんか冬のスーツを着てきたら、シャツが汗でびちょびちょです。ほら、もうこんなに」

嫌なものだが、なんとなく気にしてしまう。耳に引っかかってきた話から察するに、不格好な男は営業マンであり、もう一方の男は何かのメーカーの社長らしい。

「この前、社長が気に入ったとおっしゃっていたドラマ、見ましたよ。曽我さん脚本らしいなあ」

「あのドラマいいよねえ、あおいチャンがかわいくてね、役にピッタリだよね」

「そうそう、『所長、それが問題です！』ってのが似合いますねえ」

くだらない、しょうもないやりとりがダラダラと続く。いくら落ちぶれたとしても、こんな営業マンにはなりたくないものだと内心思い、手元の営業資料に集中しようと気分を切り替えたその時、耳を疑うような言葉が聞こえてくる。

「うん、じゃあ君のとこに決めた」

メーカーの社長と思しき人物はそう言いながら席を立った。不格好な男は「ありがとうございます！」とつられて立ち上がる。そして立ち上がった勢いで、テーブルが大きく揺れてグラスから水が溢れ、慌てている。そそっかしくもあるらしい。溢れた水を拭くてんやわんやが一段落すると、続く言葉はさらに信じられないものだった。

「では見積もりは後ほど出しますが、一千万円の発注で問題ないですね」

「うんうん、君に任せたから。じゃあ、社長によろしくね」と言ってガハガハと笑いながら店を出ていく。

「あんな変な営業マンでも商品が売れるのか……」

早崎は独りごちる。扱う商材の単価も原価も不明なので、どれくらいの利益になるかわからないが、一千万円の発注であれば、まとまった営業成績になるに違いない。

早崎の会社では、販売成績優秀者は四半期に一度、全社員の前で表彰される仕組みだ。入社してから二度ほどその機会はあったが、早崎の名がそこに挙がったことはない。表彰どころか、「いつ月の販売目安をクリアできるのか」と面談のたびに催促されるぐらいだった。

営業成績は早崎の頭痛の種だったが、何より、自分はこの仕事に就いてからお客様に晴れやかな顔をされたことがない。他の営業マンのように、頼られたり親しげにコミュニケーションすることもできない。こんなに頑張っているのになぜなんだと強い屈辱を感じたが、もう後戻りはできない。


営業前に次のお客様に紹介する物件情報を見ようとパソコンを開くと、ふと生暖かい気配を感じる。横を向くと、早崎の肩のすぐ近くに顔があった。画面に食い入るように顔中のパーツを寄せている。

太くて下がり気味の黒々とした眉毛に、どんぐりまなこがきょときょとと動く。どっしりした鼻の下に不格好な分厚いくちびる。頭髪は悲しいかな、男から逃れようとしているがごとく、ジリジリと後退している。妙に大きく、ブカブカしたグレーのスーツは、早崎の実家のある国道沿いの大型紳士服売り場に売ってそうな安物ぶりだ。滑稽《こっけい》な顔というより、滑稽そのものが顔になった感じ。

「うわっ！　なんですか！」と早崎は子どものような声を出した。よくよく見ると男はさっき早崎が話を盗み聞きしていた、あのさえない変な営業マンだった。男はさも会話をこれまで続けてきたかのように聞く。

「これ、どこの物件？」

「え、あ、西高島平《にしたかしまだいら》の物件ですけど……」

「ふーん」

男はカウンターの隣の席にどっこいしょと座ってくる。男が先ほど座っていたテーブル席を振り返ると、そこには大きなベビーカーを引いた親子連れが座っていた。なるほど、場所を譲ったらしい。

「えっと、あの、なんなんですか？　何かご用でも？」

ひと仕事終えたであろう男はソフトクリームの載ったコーヒーゼリーを小さなスプーンですくい、嬉しそうになめている。

「さっき、僕の会話を君が聞いていたじゃない。君が僕に用があるんじゃないのかい？」

「いや、大声で話しているから、つい、気になってしまって……」

会話を聞いていたことを当てられ、決まりが悪い。

「君、さっきからずっとその資料ばっかり見ているよね。営業なんでしょ？」

「えっ」さらに職業まで当てられて気恥ずかしさが増す。

「んー、僕も営業マンだから、人の職種が営業だとわかると気になっちゃうんだよね。さっき、君が僕のことを気にしたのも、営業だと思ったからでしょ？　で、自分と比較して、なんで俺はうまく営業できないのかって思って悩む」

早崎は、この男を不格好でしょうもない人間だと思ったこともバレるのではないかと、恐怖を抱いた。

男、いやおっさんは一瞬真面目な顔をして早崎に迫る。

「自分ではなく、相手のことを見なよ」

「え？」


おっさんは早崎の内心を無視して「でも僕みたいにスマートにやるのは難しいよねえ」と一丁前にスカした顔をして、薄くなった頭を撫でる。

よかった。不格好でしょうもないおっさんだと思ったことは伝わっていないんだ。


「その顔を見ると、ちっともうまくいってないんだねえ」

早崎は立ち上がった。

「ちょっと、なんなんですか、あなた。僕はもう次の用事があるので」

おっさんは間の抜けた顔をさらにポカンとさせる。

「そう？　もう行くのかい？　次の用事までまだ時間があるんじゃない？」

「ないです、ないですから。ここにいる理由もないんで」

早崎の焦りに反して、おっさんは悠長《ゆうちょう》に構えている。

「でも君はまたここに来るんじゃないかな」

早崎はムキになって「何言ってるんですか？　絶対に来ないです！」と言った。

「でもまあ、挨拶《あいさつ》しておきましょ。僕はヤマナシ」とおっさんは名乗り、手を出す。

山梨《やまなし》？　なんなんだろう、この人は。嫌な顔を隠せないまま握ったその手はなんだかベタベタしていたし、なぜか微《かす》かに甘い匂いがした。

ヤマナシは大げさに驚く。

「ああ！　そうだ、そうだった！　僕ものんびりしている場合じゃない。そろそろ行かなくちゃ」と時計を見やって慌てて鞄を引っつかんでドタバタと出ていく。出て行く時も騒がしく、ご丁寧にドアの開閉方向も一度間違えていた。


「なんだあれ……」

奇妙な夢でも見たあとのようで、ぶるっと身震いする。ふと気づくと、カウンターには水に濡れたレシートのようなものが落ちている。自分のものではない。裏返して見ると、すぐそばの東京駅で売っている、有名なキャラメルサンドの引き換え整理券だった。

なるほど、あのおっさんは営業の前にキャラメルサンドの試食に誘われ、いやしくも手を出し、購入するために整理券を引いてきたわけだ。あの手のベタベタと甘い匂いはその試食の痕跡かと思うとなんだかげんなりした。

おっさんが嬉しそうにキャラメルサンドにむしゃぶりつく様がありありと思い浮かぶ。その姿はかわいいような怖いような絵面だった。

頭を切り替えよう。もうここには二度と来ない。そう思って早崎は午後の日差しが降り注ぎ、陽だまりでいっぱいになった席を立った。

第1章

営業の神様は「どら焼きのように営業を愛せ」と言う

大手町駅の地下道は入り組んでいる。東京駅に向かう複数の沿線がこの駅に集中しているので、スムーズな乗り換えと移動を可能にするために、東京駅から一番遠くの三田線大手町駅をつなぐ長い地下道が用意されている。駅の改札だけでなく周辺の商業施設にも連結できるように敷かれた通路は、一駅分とはいえ複雑化している。

そんな地下道を早崎は歩いていた。昼間の地下道はビジネスパーソンでごった返しており、みな目的地まで最短で向かおうと急いでいる。しかし、早崎の足は不自然に遅い。何かを思い出しハッと足を進めたと思いきや、すぐにためらい速度を落とす。

早崎はいつものカフェチェーン店に行くか迷っていた。丸善で本を物色しようか、丸ビルで昼飯にありつこうかとも考えたが、なぜか足は重く吸い寄せられるようにいつものルートをたどってしまう。ふと気がつくと日本橋のいつものカフェの前にいた。

あれから早崎は、現状を打破するべく奮闘していた。お客様に会う機会を増やした努力も相まって、しゃべり方や所作《しょさ》は以前よりも洗練されてきたと思う。しかし、その結果は惨憺《さんたん》たるものだった。

担当したお客様は、話こそ聞いてくれるものの、そこから発展することはない。いつまでもお客様のイベント参加後アンケートの対応から抜け出せず、内覧《ないらん》やシミュレーション、さらにその先にあるローン審査や購入にまでたどり着くのは、このままでは夢のまた夢だった。

おまけに新年度を迎え、会社には新たに数名が入社してきた。前職は営業職だった社員だと聞いているので、すぐに早崎の営業成績を追い越すのは目に見えていた。

早崎は店に入ると、カウンター席に目をやり、空いている隅の席を見つけると素早く身を寄せた。あの変なおっさんにまた会うのではないかと一瞬考えるが、そうも運悪く会うわけがない。鞄の中からビジネス書を取り出してパラパラとめくるが、気持ちが集中できない。

先週末の出来事を思い出す。最近、同じ大学に通っていた友人、竹崎学《たけざきまなぶ》と再会した。彼と早崎は同じゼミ生で出身も同じく東北地方ということで、出会ってすぐに意気投合した。よく近所の喫茶店でだべって過ごしたり、気に入ったミステリー小説を貸し借りしたりしていた。

彼はひと足先に東京に来て就職していたため、この数年は疎遠になっていた。最近元気かというＬＩＮＥが来て、早崎も東京に出てきていたので会おうということになったのだ。

指定された居酒屋のドアを開けると、竹崎はカウンター席に座っていた。この数年で社会人としての風格はちゃんとついていたが、早崎の顔を見て嬉しそうに顔に滲《にじ》む笑顔は、学生の頃と全く変わらなかった。

「イク、久しぶりじゃん！」

席につくなり竹崎は肘で早崎をつつく。

「何だよ、イクも東京に来てたんじゃん。なんでもっと早く言ってくれなかったんだよ」

「いや、こっちに来てからずっとバタバタしてたから。ほら、営業の仕事に慣れないからさ。ごめんごめん。いや、それよりガクはどうなんだよ。憧れの会社に入ったご感想は？」


竹崎と早崎は元々同じコンサル業界を目指していた。まだ就活が本格的に始まっていない頃は、二人して業界の四季報やらいい会社ランキングが掲載されている雑誌やらを引っ張り出して、あれこれと議論していた。その中でもよく話題になっていたのが「アーキテクチャコンサルティング」という外資系のコンサル会社だった。

コンサル会社がこれから来る、給与が抜群に良いらしいという学生らしい短絡的な読みもあったが、二人がよく読んでいたミステリー作家が以前勤めていた企業ということで親近感を抱いていた。そして、竹崎は就活に挑み、見事その会社に採用され、入社したのだった。

「いや、最初はめちゃくちゃ緊張したよ。周りはみんな俺より学歴が高いし、海外留学経験とかもあるからさ。でもみんなやる気あるし、自分で上にいく力のある人たちばかりだから、俺も刺激を受けている。会社に留学制度があって、TOEIC《トーイック》で高スコアを取ると、留学費用の一部を会社が負担してくれるんだよね。それ、何とか取れないかって狙ってる」

ここに来るまで、竹崎に会ったら自分のつらい気持ちを思いっきりぶちまけようと思っていた。この惨めな気持ちを打ち明けられるのは、彼しかいなかった。「ガク、聞いてくれよ、俺、とんでもない会社に入っちゃったよ。営業なんてマジで向いてないよ」――そんな言葉が口から出かかった。しかし、竹崎の順調そうで自信に満ちた顔つきを見ていると、その弱音は引っ込んでしまう。

入りたかった企業には入れず、就きたい仕事にも就けない。おまけに今の会社はブラック気味だと言葉にしたら、それが真実として残ってしまう気がした。愚痴をこぼしたら最後、その愚痴の苦みがいつまでも舌にへばりついてしまいそうだった。

「で、イクはどうなのよ？　憧れの東京ライフは？」

「え、ああ、まあ頑張ってるよ。こっちも慣れれば楽しいものだね」

竹崎から最近マッチングアプリを始めたという話が出ると、話はそっちに流れていって終《しま》いになった。別れる際には、「お互い頑張って出世しようぜ」と笑っていた。


気がついたら、過去の思い出の中に深く入り込んでしまっていたらしい。瞬きをすると、ようやく目の前の本の文字にピントが合った。

次に竹崎に会う時までには、何としてでも現状を変えて這《は》い上がらなくてはいけない。早崎がいつもの何倍も眉間にシワを寄せて本を読んでいると、入り口の方から何やら聞き覚えのある声が聞こえてくる。

まさか、とは思ったが、話を盗み聞きしてみるとやはりあのおっさんだった。今日もあのおっさん――ヤマナシだったっけ？――は、誰か社長か重役と思しき人物と連れ立って来店し、おしゃべりに花を咲かせている。

「……で、日本の報道と朝鮮日報では全然報道の仕方が違うわけよ。そんなんだからさあ、日本人の知性が高くならないんだと思うよね」

「本当にそうですよ、日本以外のメディア情報を、積極的に取りに行こうという姿勢が見られない！　ヒコさんはいつも、どの海外メディアを見ているんです？」とヤマナシが続ける。

ここで変に立ち上がると気づかれるかもしれないので、話が終わるのを身を潜めて静かに待つことにした。社長は声高にメディアの報道姿勢を批判し、日本の経済を憂い続けている。そして疲れたのか、急に黙り、「ああ、じゃあそろそろ……」と席を立つ。

ヤマナシが「ヒコさん、あの件は大丈夫ですね？」と追いかけるように聞くと、「ああ、君の言う通りにしておいて。請求書は秘書に送ってくれればいいから」と去っていく。

どうやら今回も大した話をしていない割に受注を決めたらしい。早崎が密かにため息をつきながら読書に戻ると、不意に後頭部に気配を感じた。振り返ると、ものすごく近くにヤマナシがいて、早崎の読んでいる本を食い入るように見ている。

「わあ！　何です、またあんたですか！」

ヤマナシはニタニタ顔でさらに近寄ってくる。

「なあんだ、もう来ないって言ってたけど、まだ来ていたんじゃないか。うんうん、嬉しい限りだなあ」と悦に入っている。

早崎はヤマナシのペースに乗せられそうになるのを察知して、「今日はたまたま用事があって寄っただけです」と返す。


そんな早崎の様子を意に介さず、いつの間に買ってきたのかコーヒーフロートのアイスを嬉しそうに啜《すす》っている。今はこれ以上、自分のペースを乱されたくない。早崎はすぐに立ち去ろうとするが、ヤマナシはさらに踏み込む。


「ここの店はわざわざ足を運んできているんでしょ」

片づけを進める早崎の手が止まる。

「この前見ていた不動産、あれはこれから下見に行く予定だったんでしょ？　でもあそこは日本橋からはアクセスが悪いじゃない。大手町駅から乗った方がいい。だから、きっとこの場所に意味があるんだろうなあ」

早崎はぞわりと総毛《そうけ》立つのを感じた。

「何を言って……」

「いつも君はこの店のカウンターに座って外を見ているよね。何かを追うような顔をしてさ。この場所は金融街のど真ん中だから大手の金融系企業とか外資系コンサル企業のビルが多い。君は本当はそこに入りたかったんじゃないかなあ」

今度は顔の血流がさっと引く。顔は冷たいのに頬だけは不思議と痺《しび》れるように熱い。


早崎は今の会社に入社する以前は、実家の工務店の手伝いをしていた。本当は大学を出た後は東京で就職するつもりだった。できれば、憧れていたコンサルの仕事で。しかし、ちょうど就活が始まる三年の秋ごろに事態は一変した。実家の工務店の経営を一身に背負っていた父親が倒れたのだ。

元々心臓が悪かったのに加えて、二〇一一年に東日本大震災があってからは東北をもう一度立て直すのだと、地元の商工会議所や仲間たちと一丸となって一心不乱に働き続けていたのが災いした。作業現場で倒れてからすぐに病院に運ばれ、一命は取り留めたが、左足に若干の不具合が残ってしまった。歩くことは何とかできるが、以前のように働けるわけがない。

母親は「自分と長年いるスタッフでなんとかする」と言い張ったが、すでに着手している作業のすべてを母と高齢の職人数人でまかなえるはずもないのは明らかだった。一度引き受けた案件を断ることも考えられるが、それにはお金の問題があった。

早崎には弟、達之《たつゆき》がいる。達之は薬剤師を目指して県内の薬学部に進学している。父親は成績の良い達之に昔から期待していたし、達之が薬剤師になるのが二人の目標で、ずっと達之もそれに応えようと地道に勉強し続けていた。

その念願叶って希望の大学に入学できたが、薬学部は六年制なので学費が高額になる。奨学金を借りているとはいえ、満額が出るわけではなし、何より卒業して薬剤師の職にありつけなければ、これまでずっと支払ってきた学費がただの借金になってしまう。早崎の残りの学費に加えて、達之の学費も工面することは到底不可能だった。

早崎は苦渋の決断をし、「大学は辞めて、俺が継ぐよ」と掛け合った。それ以外、この状態を脱するには方法がなかった。家業に就くと、幸い一緒に仕事をする仲間は昔からよく知っている職人のおじさんたちだったし、業務のほとんどは母が仕切っていたから業務指示や采配には困らなかったが、父親の踏ん張りでギリギリ回っていた経営状態は、その支柱を失ってからは右肩下がりになる一方だった。

打撃となったのが、大型受注として話が決まっていた、企業の東北支社社員寮建設の話が立ち消えになったことだった。この数年でリモートワークが進み、社員の働き方も自由になってきたことを契機に会社のスマート経営化が進められ、建設は取りやめになってしまったのだった。この収益を当てにして今後の事業立て直しを画策していた矢先だった。

母親は店を畳むと早崎に告げた。これまでは父の片腕として、必要とされるがまま事務的な作業に徹していたが、その時ばかりははっきりと宣言されたのを今でも覚えている。

「あんたはもう、普通に就職した方がいい。これは父さんと始めたことだから、最後は私が何とかするから。あんたはあんたの人生を生きなさい」

早崎はこうして、東京で一人就職することになった。

失ってしまったこの数年を取り戻したい。今度こそ自分の夢を叶えたい。その一心で再びコンサルを目指したが、人気の業種であることに加え、大学中退の学歴とコンサル経験なしでは、面接にすらたどり着けない。

貯金も尽きかけ、「もう仕事が得られるなら何でもいい」という思いで受けたのが、今の会社だった。工務店で働いていた経験も、そこでなら活きると思ったのだ。何より、工務店で新しく綺麗になった住宅を見て、嬉しそうに笑うお客様の姿を見るのは好きだった。コンサルにはなれなくとも、お客様をこんなに笑顔にすることができる仕事なら、それでいいじゃないか。面接でもその思いを伝えて、気持ちと経験を買ってもらえたのだ。

東京に来て営業の仕事を始めてからも、休憩時間や隙間時間には金融街やコンサルど真ん中の立地に面しているこのカフェによく来ていた。

憧れの街にいるのは心地よかったし、自分もこの町で自分にプライドを持って働く彼らの一部になれたような気がした。業界は違っても、自分もいずれは彼らのようになるのだと、自分の心を奮い立たせるにもちょうどよかった。

誰にも言ったことのない内心を言い当てられ、早崎は詰まる。鼻から息を吸い、「それではダメなんですか?」とようやく言った。強く言うつもりだったのに、かすれ声しか出なかった。

「それじゃ、ダメなんでしょうか? 何かになりたいとか、憧れを持つのは」

ヤマナシは意外にもきょとんとした顔をしている。

「え? 違う違う。私はねえ、別にダメなんて言ってない。なりたい自分があるって素晴らしいやね。ただ、君は営業っていう仕事にいまいち誇りが持てないんじゃないの?」

「それは……僕には他に選択肢はなかったし。それに話したり説明するのは苦手じゃないし」

ヤマナシはブルブルと頭《かぶり》を振る。

「君ねえ、営業の仕事が好きになれないなら、成功なんてできるわけないじゃない。第一、営業に話し方が洗練されているかとか本当は関係ないんだよ」

ヤマナシは濃い下がり眉をグッとひそめてさらに言う。

「営業は愛なんだ」

「愛？　それ、どういうことですか？」

「うーん、聞きたい？　今日はこの後予定があるんだけど、どうしようかな……」

ヤマナシは一丁前に迷うような仕草をするが、早崎は素早くカウンターの下にあるヤマナシの鞄を指さす。

「今日もどうせ、大手町のキャラメルサンドの整理券を持っているんでしょう。あそこはすごく並びますよね。だったら時間あるんじゃないですか？」

ズバリ当たったのか、ヤマナシは素知らぬ顔をしてそっぽを向く。

「お願いしますよ」と早崎がこびると、「ん、じゃまあ、別に時間潰しってわけじゃないけど、特別にね？」とヤマナシはどこか嬉しそうに言う。そしてドタドタと早崎の横のカウンター席に座った。

「まずね、君は営業する時にどうしている？」

「どうって……うちは不動産の販売とリフォームを手がけていて、イベント参加や問い合わせがあったお客様の情報が随時溜まっていくので、担当が割り振られたお客様に連絡を返します。ご予算と希望の場所や住みたい理想の家の画像などを挙げてもらって、そこからそれに合う物件を紹介して販売につなげることになっています。……って普通ですけど。僕はお客様のニーズに合う提案をいつも心がけています」

「ふーん。本当にそう？」

ヤマナシは、計算してやっているのではないかと疑うぐらい癪《しゃく》にさわる表情で顔を傾ける。

「君が営業中にずっと考えているのは、自分がどう見えるかと、自分の仕事が成功するかどうかじゃない？」

早崎の心臓はどきりと音を立てた。

「それ、本当に相手のことを考えているって言える？　心のうちではお金を稼ぐために不要不急のものを売っているって気持ちになってない？」

「そんなこと……じゃあ、どうすればいいっていうんですか？」

屹然《きつぜん》と顔を上げると、ヤマナシもこちらを真っすぐ見据えている。

「営業は愛なんだよ」

「いや、だから、愛って何なんですか？」

ヤマナシはそれには答えない。代わりにこう言う。

「君のやり方はとても一般的だよ。一般的に営業と呼ばれる仕事の仕方をしている。相手の話を一応は聞く。でも聞くふりをしているだけ。そして自分の成績のために自分が売りたいものを売っているだけ。だからこそ、うまくいかない」

自分の営業成績を上げるために躍起《やっき》になっているのは否定できなかった。

「いらないかもしれないものを売ろうとしているわけだよね。自分の利益にするために相手に買ってもらおうって気持ちが前面に出てたら、うまくいくわけないよね」

ヤマナシはさらに続ける。

「君は相手のニーズを聞いていると言っていたね。本当に聞いている？」

「聞いてますよ。ちゃんと予算とか間取りとか、聞いた上でどの物件が優れているか、どんなリフォームができるか伝えています」

「じゃあ、この前営業に行った人は何を言っていた？」


早崎は思わずグッと詰まった。

「ええと、個人情報は言えませんけど、三十代の会社員の夫婦で、二十三区内に五千万円くらいの物件を希望の方で……。僕が紹介した物件は、二人の要望にピッタリ合っていたと思います。もしかしたらリフォーム例がしっくりきていなくて、まだ迷われているのかもしれない」

「ふーん。で、その人たちはどこでどんな仕事をしているの？　いつも何線に乗っている？　趣味は？　二人の家族構成は？　二人の仲はどうだった？　婚約指輪はどこのブランドで、どっちがそれを決めた？」

早崎は言葉に詰まる。

「それは……えっと、仕事と沿線はアンケート用紙を見直せばわかるはず……」

「いやいや、アンケート用紙に書いてある情報を見ないとわからないなら、よくその人たちから話を聞き出せていないんじゃない。せっかく話す機会もあったのに、相手のことを何もわかっていない。自分でもよくわからない相手に何かを買ってもらえると思うのかい？」

「だって相手は物件の購入を考えて、うちのイベントに来たり問い合わせしたりしてるんですよ？　買いたいから来ているんじゃないですか！」

ヤマナシは太い指を一本ぬっと出し、チッチッと振る。

「お客さんは商品やサービスが欲しいわけじゃない。それを買うことでより何か、なりたい自分になることを願っている」

「なりたい自分？」早崎は自分の眉毛がゆがむのを感じた。

「営業マンは商品を売っているわけじゃない。その人のなりたい未来を一緒に探し出して、そうなるためにどうすればいいか考える、お手伝いをする仲介者なんだよ」

「でも、じゃあ、どうすればよかったんですか？」

すると、ヤマナシはすっかり寂しくなったつむじを早崎の胸元にグリグリとこすりつけようとする。

「うわ！　なんなんですか⁉　やめてくださいよ！」

「これだよ」

なぜかヤマナシは得意気だ。

「はあ？」

「営業はこうやって相手にあなたのことが知りたい、教えてくださいって願う行為。頭をこすりつけて、教えてくださいって話を聞くんだ。商品を売るために話を聞きたいんじゃなく、相手のことを心から知りたいから聞く。取引相手ではなく、親友になる気持ちで、まずは話を聞くの」

「親友になるつもり……」

「君の商材である中古マンションだと金額が大きくて想像がつきにくいから、たとえば化粧品を売ることを考えようか。化粧品を買うお客様は何を求めていると思う？」

「え、うーん、綺麗な肌とか？　ニキビをなくしたり……」

「うん、それは中間目標だね。本当の望みそのものではないよね」

「え？　本当の望み？」

「その人が本当に欲しいのは綺麗になって人に褒められること。素敵だと思われたい、いい恋人が欲しい。もしくは、自分に自信を持ちたい。それが本当のその人の望みだと思わないかい？　君だってこのカフェに、コーヒーを飲みたいだけの理由で来ているわけじゃない。今どきコンビニでも美味しいコーヒーが百円で飲めるもんね。そうじゃなくて、しゃれた町で働く自分に浸りたい。他のかっこよく仕事をしている人に溶け込んで、自分もそうだと思われたい。そうだろう？」

「まあ、確かに……」

「その人がその商品やサービスを通じて得たいと思っているもの。誰かに愛されること、受け入れられること、認められること。これこそが真の欲望、『スーパーウォンツ』なんだよ」

「スーパーウォンツ？」

「一般的に営業マンが訴えかけるのは損得とか利益とかだよね。将来的にこのエリアは価値が高騰するとか、賃貸よりこれだけメリットがあるとか。他の物件より手頃だとか。しかしそれは表層的な情報にすぎないの。お客さんの願いの正体がつかみきれていない。だから響かない」

早崎は胸にモヤモヤとしたものが広がるのを感じていた。あの時、自分はお客様のことを理解していたのだろうか。ヤマナシは考え込み始めた早崎をじっと見ながら続ける。


「人が本当に望むことは、誰かに愛されたい、認められたいってこと。それはみんな同じ。言葉にしなくても、心の奥底でそう思っている。いい会社に入りたい。素敵な恋人が欲しい。かっこいい最新型のスマホが欲しい。流行っている綺麗な服が欲しい。みんな、別々のものを求めているように見えるけど、根っこは同じなんだ。みんな誰かに愛されたり、受け止めたりしてほしいんだよね」

「うーん、愛ですか……」

「君の事業でいうと、みんなその家に住むことで得たい生活や人生があるわけだよね。そのために家がある。投資目的の住宅とは違うから、家そのものが欲しいわけじゃない」

早崎はようやく反論する。

「でも、それなら得たい生活を叶えられそうな物件なら何でもいいってなりませんか？　こちらが条件面の判断軸を提供しないと、相手は余計に迷ってしまうと思います。営業が他の物件よりここが優れている、買い時だって、説明しないと」

ヤマナシは頭を振る。

「いいや。差別化は本来必要ないんだよ。自分と同じ目線で、どんな未来を叶えたいのかを一緒に考えてくれて、自分の価値を認めてくれて大事にしてくれる人、つまり恋愛感情は抜きで愛してくれる人がいたら、人はその人が薦めてくれる商品がいいと思うようになる。商品の力だけではなく、君自身の愛で勝負するんだ」

早崎は黙る。なんだか頭がぐるぐるしてきた。

「君はもしかしたら、入社したばかりだから頑張りたい気持ちはあるけど、自分には営業は向いてない、楽しくないと思っているんじゃやない？」

早崎はつい、胸の奥にしまっていた、自分の本音を口に出した。

「でも、ここで頑張らなくてはいけないし、せっかく入れた会社ですから……」

そんなんじゃダメだと否定されるかと思いきや、ヤマナシは穏やかな顔で受け止めている。

「そうだよね。最初は本意ではなかったのかもしれない。僕も昔はそうだったもの」

「え？」

早崎は正面からヤマナシを見る。今は揉み手のしすぎで両手にタコができていそうなぐらいなのに？

「僕だって昔は営業は苦手だったんだよね。でも化粧品営業のポストが空いていたから、この世界に飛び込んだ。ものがいいなら、まあ売れるだろうと思っていたけれど、そんなに甘くはなかったね。物があれば売れる、新しければ売れるという時代はとうに過ぎていたし、バブルがはじけてからは壊滅的だった。今よりずっと営業も地道で、飛び込み営業だってやっていたんだよ。知らないお宅にピンポンして、化粧品を買いませんかって持ちかけて。いらない、帰れって言われて、庭のまき水をホースでぶっかけられたこともあったなあ」

若かりし頃のヤマナシがスーツのままずぶ濡れになっている姿は、不思議とありありと想像できた。

「何とか売らなきゃと思うと焦るし、別にうちの商品を買わなくたって他に良い商品もあるもんなって懐疑的になったりして。それで自分が汗水垂らして外回りで頑張っているのに、事務員や開発部の人が空調の効いた部屋で涼しい顔して仕事しているのを見ると、自分は何しているのかなって営業職が嫌にもなった」

その言葉は早崎の心を打った。自分はなぜこれをしているのかという朧《う》んだ気持ち。しかし、その言葉を語るヤマナシの顔は晴れやかだ。

「でも、営業というのはとっても尊い仕事なんだよ。お金を直接稼ぐ立場にいるからじゃない。商品やサービスを提供することを通じて、時にお客様のカウンセラーやコーチになって、その人の人生を本質的に良くしようとする立場になれるんだ。そんなすごいことができるのは、営業だけじゃない？　学校の先生も医者も親も、そこまでのことはできないんだから。衣食住より大事な役目だし、聖業だと僕は思うんだ」

「お客様の人生を良くするための営業……」

「営業だとどうしてもノルマを課されちゃうから、それが見えなくなっちゃうんだよね。でも、本質はそこじゃないから」

早崎は思い出したようにメモをとり始める。

「えっと、お客さんの本当の望みを聞くこと、それから……」

「その商品でどんな自分になりたいのか、どんな人生を送りたいのか。具体的に聞くんだ。親友の人生を良くしたいという気持ちでね。ほらこう、知りたい知りたい……」

早崎はヤマナシの頭グリグリをさっと避ける。

「そういうのはいいんで、先を」

「うん。すると、未来や夢を叶えるために、何かが必要になるよね。そのためにこの物件が一番いいと薦めるんだ。そうすると売れるさ。君の意見を参考にして物事を決めようとするようになるだろう」

そんなことってあるだろうか？　懐疑的な気持ちを拭い去れないまま、二人して店を出た。駅に向かう道すがら、ヤマナシはこう言う。

「営業をちゃんと愛してほしいんだよなあ。みんなが嫌がる仕事じゃなくて、どら焼きみたいにみんなに愛される仕事なんだよ。みんなの気持ちがほっこり和らぐような。だから愛してやってほしいんだなあ」

そして、「大丈夫だ、君なら大丈夫だよう」と鷹揚《おうよう》に笑う。


早崎はハッと気づく。

「ヤマナシさん、もしかして、この近くのどら焼きの『うさぎや』のこと考えてたりします？」

ヤマナシはピタリと黙る。図星らしい。

「じゃあキャラメルサンドを取りに行く前に、買いに行きましょうよ」

二人はうさぎやに寄って、ショーケースからどら焼きを二つ頼んだ。手にしたどら焼きは生地が厚く、どっしりと重い。待ちきれず、店先で食べることにした。口にすると、重厚な生地にしっかりした餡《あん》の味が口の中いっぱいに広がる。

ヤマナシが薄くなった髪を額に垂らしながら、嬉しそうにどら焼きを食べている様を横目で見ると、なんだか不思議な気持ちがした。しかし、初夏の日差しに目を細めながらまだ涼やかさが残る風に吹かれて、キラキラしたアスファルトを横目にどら焼きを食べるのは、とても心地がよかった。

第1章の早崎メモ（営業を愛する）

- すべてのセールスは愛である。
- 営業マンは商品を売らない。お客様のなりたい未来を一緒に探して、その実現を手伝う仲介者である。
- 商品を売りたいから、お客様の話を聞くのではない。お客様の親友になったつもりで、親友の人生を心から良くしたいという気持ちで聞く。
- お客様は商品が欲しいわけではない。商品を通じて、他人から褒められたい、認めてもらいたい、愛されたいと願っている。これこそが真の欲望、「スーパーウォンツ」である。

- お客様は、自分の価値を認めてくれる人、自分の叶えたい未来を一緒に考えてくれる人、つまり恋愛感情抜きで自分を心から愛してくれる人から薦められた商品であれば、それを良い商品と感じる。
- 商品の魅力だけではなく、営業マンの愛で勝負する。
- 営業はお客様の人生をより良くする必要不可欠な聖業である。
- 営業マン自身が、本気で営業を愛すること。

第2章

営業の神様は「大福の中身は食べずにはわからない」と言う

早崎の自宅マンションは調布《ちょうふ》にある。駅から徒歩七分、1LDKの自宅は雑然としている。朝から晩まで仕事をしながらの一人暮らしなので、片づけに手が回らず、床や机の至るところに会社の資料や参考書籍、趣味の本が積まれたままになっている。資料をすぐに手に取れるようにしていたら、いつの間にやら混沌とした部屋になってしまった。

早崎は食卓兼ワークスペースである机の前に座り、ぼんやりしていた。近くにある読みかけの本を手に取り、ちょっと中身を見てまた本を閉じる。こんな行動を、かれこれ小一時間は続けている。あの不思議なおっさん、ヤマナシからもらった教えは、早崎が抱えている漠とした暗闇にわずかな光を投げかけてくれた。しかし、それでも完全に信じる気になれなかった。

考えが次から次へと浮かんでは消え、「これだ」と思っては、また「無理だ」と頭を振る。机の上に積まれていた本を手当たり次第に手に取っていくと、隅の方に偉人の残した名言を集めた本が出てきた。そういえば、こんな本も買ったんだっけ。

なんの気なしにパラパラとページをめくると、そこにはアインシュタインの名言が書かれていた。


〝狂気とは、同じことを繰り返しながら、異なる結果を期待することである〟


早崎はハッとした。このまま自分の営業スタイルをやり続けても、どうせ今までの結果と同じことになるのは目に見えている。今まで大した成果が出ていなかったのだから、どんなチャレンジだとしても、今以下の結果になることはないだろう。試してみるだけならいいじゃないか。

早崎は鞄からノートを取り出す。ページの最初の方に書いてある、自分なりの営業の方法をまとめたページを探し出す。

★お客様に強調して伝えること
・物件が求める条件にいかに合っているか。
・今、いかに買い得であるのか。
・賃貸より中古物件の購入の方がいかに優れているのか。

と書かれているところをバツで消す。これはひとまずやめてみよう。
そして、ヤマナシに教えてもらったことをメモしたページを見る。

・薦めることに焦るより、まずはお客様の話を聞くこと。

お客様と話す機会は、すぐにやってきた。物件資料を提案したきりになっていた高峰夫婦からメールで連絡があり、またＺｏｏｍで話したいと申し出があったのだ。

打ち合わせの時刻にＺｏｏｍを立ち上げ通話を始めると、画面に二人が映し出される。

「早崎さん、この前は物件の紹介をありがとうございました。で、二人で話し合ったんですけど、ちょっと迷うところがあって」と旦那さんが話を始める。

「なるほど、ありがとうございます。どの条件の部分に迷っていらっしゃいますか？　場所でしょうか？」

「そうですね、赤羽《あかばね》の物件は場所がゴミゴミしていそうで、値段は予算の範囲内でいいですけど、ちょっと生活がイメージできなくて」と、奥さん。

「なるほど。これまでお出しした物件の広さはいかがでしたか？」

「３ＬＤＫ希望とはお伝えしていたのですが、リフォームで間取りは変えられるんですよね。だったら、最低何平米ぐらいあればいいんでしょうか？　狭すぎるのも困るんですが、二人暮らしですし」

夫婦二人暮らしの場合、平均平米数は……と早崎は一瞬答えかけて止まった。いつもの調子で対応してしまっているではないか。このままでは、また似たようなやり取りになりかねない。早崎は思い切って、これまでの質問スタイルから話題の方向を変えることにした。小さく息を吸い、画面の向こうの二人が本当に目の前にいるように語りかける。

「どういう場所がいいのか、ただ候補を見せられるだけでは迷ってしまいますよね。どんな暮らしがお二人にはベストなのか一緒に考えたいので、まずはお二人について色々と聞かせていただいてもよろしいですか？」

夫婦は一瞬、顔を見合わせたあと「え、ああ、はい」と答えて、身を捩《よじ》ってソファに座り直す。

「お二人はご結婚されてどれくらいなんでしょうか？」

「今年で七年目なんです」と奥さんがややためらいながら答えてくれた。

「そうなんですね。どちらで出会われたんですか？」

「えー、どこだったっけ？」と旦那さんがとぼけたように言うと奥さんが突っ込む。

「ちょっともう忘れたの？　有美《ゆみ》の紹介だったじゃない」

「あー、確かBBQ《バーベキュー》で？」

「そうそう、もう、この人本当に忘れっぽいんだから。すみません」

ようやく二人との会話が和やかな雰囲気になった。そういえば、こんなふうにお客様と和やかに笑い合ったのは初めてかもしれない。

「ご友人の紹介だったんですね」

「そう、有美たちと集まってグランピング施設でBBQやろうって誘われて」

早崎には思い当たる場所があった。

「都内近郊だと八王子《はちおうじ》に大きい施設があるんでしたっけ？」

「そうそう、そこです！　あそこは広いし自然がいっぱいあって、いいとこですよね」

ようやく旦那さんも記憶が蘇ったらしい。

「ああそうだった、確かあそこは乗馬もできるんだっけ？」

「え、乗馬をされるんですか？」

「ええ、僕も妻も乗馬が趣味で。ここ最近はあまり行けてないけれど、昔はよく一緒に行ってました。今は近場で郊外の公園に行ったりとか」

「この前は国立公園に行ったよね」と奥さん。

「あー、ネモフィラで最近有名なとこですか？」

早崎はSNSでよく聞く青い花の名前を挙げた。話題になっている場所や施設からその周辺地域を知るお客様も多いので、早崎もそうした情報はよく見るようにしていた。

「そこだったかな？　子どもの遊び場もあって、ピクニックもできる。そういえば、あの辺の雰囲気もいいかもね」

「でも電車で遠いのはなあ……。僕は仕事で遅くなるから、あそこまで遠いとちょっと……通勤が大変だし」

二人から初めて具体的な生活の話が出てきた。これまで二人のことを平面的にしか捉えられていなかったが、もっとリアルに感じられるようになってきた。早崎は手元に置いたノートに、素早くメモをとる。

二人の会話のラリーはまだ続いている。

「じゃあ、都心に近くてのどかなところだと、谷中《やなか》とかもいいかもな」

「商店街があるのはいいよね。近所の人と何気なく話せる機会も最近はないし。ああ、でも雰囲気はいいけど、あの辺は保育園が多いね。甘羽保育園とかさ、おっきいところあったじゃない」

「ああ、じゃあ昼間は結構うるさいのかな」

急に奥さんは早崎に向かって話しかける。

「あ、そうだ。できれば保育園とか小学校近くの物件は避けたいです」

「保育園の近くなどは避けたい、ですね」

「あと緑が多いところがいいけど、武蔵小杉《むさしこすぎ》とかはどうなんでしょう？」

「あの辺りは賃貸物件が圧倒的に多くて、分譲では物件が出回っていないんです。出ても非常に高額なので、予算に見合わなくなってしまうかもしれません」

奥さんは少し残念そうにする。

「あの辺りは子育て世帯がすごく多いものね。施設も色々揃っているし」

「そうだっけ？」

「この前キコちゃんの子どもと武蔵小杉で一緒に遊んだ時、すごくよかったもの。託児所完備のデパートもあるし、子どもの離乳食を用意してくれるレストランもあるから。子どもファーストだよね」

早崎は手元でメモをとり続ける。自然豊か。保育園や小学校の近くは外すこと。しかし、奥さんは子どもを持つ親の視点で話しているような気がするし、その話題を話している時もとても嬉しそうだった。事前に書いてもらったアンケートには、夫婦二人暮らしで子どもはいないと書いてある。ひとまずメモには「子ども?」とだけ書いておく。

「当初伺っていた条件よりも、色々ご希望が出てきたので、改めてどんなところがお好きなのか、外したくないポイントがあるのか、考えてみるのが良さそうですね」

二人は同時にうなずく。

「そうですよね。もう一度二人で住みたい町から特徴を考えてみます」

Ｚｏｏｍを切ると、早崎は初めての好感触に、大きな安堵《あんど》のため息を漏らした。

その次の週、早崎はいつものカフェにいた。示し合わせたわけではないが、これまでヤマナシと会ったのは毎回水曜日のお昼前だ。だから水曜日、午後のアポイントメント前に店に向かった。いないかもしれないとも思ったが、ちゃんとそこにはヤマナシがいた。今日はお客様同伴ではないらしく、一人でカウンター席に腰掛けている。足元には大量の紙袋が置かれていた。

なんだか挨拶をするのはかえって気恥ずかしい。そこで「どうしたんですか？　その荷物」と当然のように話しかけた。ヤマナシも早崎に気づくと、当然のように「ああ君か」と応じた。

「地方にいるお得意様の社長に大福が食べたいって言われちゃって、買ってきたんだよ」見れば、フルーツ大福で有名な弁才天《べんざいてん》の袋である。

「それより君は今日はどうしたのよ。前よりは顔色がいいけどさ」

早崎はヤマナシの横に腰掛けて、説明し始めた。物件の説明をする以前に、相手の話を聞くようにしたら明らかに態度が変わったこと。早崎の営業の仕方が変わると、マンション購入に意欲的になる人もちらほら出てきた。でも、どうすればその先に進めるのか。

「不動産はやっぱり高額な商品ですし、賃貸と違ってローンも組むから、気が変わったからといってすぐに出ていくことも難しい。とてもハードルの高い商品。だからどうすればもっとその先に進められるのか、自信が持てないんです」

中古マンションの場合、普通の会社員が購入できる価格帯のものは、何かしら欠点がある。もちろん耐震構造など安全性に問題ない物件を仕入れてはいるが、駅から遠い、築年数が古いなどの問題は、新築マンションよりはるかに多い。

その分リフォームで自由にできるメリットは大きいが、そのあたりの帳尻《ちょうじり》を合わせるのが難しい。あっちが優れた物件は、ここが気になる。この問題をクリアした物件は、今度は別の問題がある。全部クリアした物件は予算オーバー。お客様が物件購入に積極的になっても迷うポイントだ。

来週はお客様と一緒に物件を見に行くことになっている。先日、問い合わせをしてきてくれた高峰夫婦が、理想の場所を考え直した上で、これまで早崎が手渡していた物件情報を整理して、七件に候補を絞ってくれた。

彼らが選んだ物件はどれも手頃な価格帯の物件だったが、五階建てなのにエレベーターなしなど悪条件も目立つ。どう薦めればいいのか考えてしまう。嘘なくありのままを伝えるしかないが、それで購入となるのだろうか。


「で、君はこれからこの物件を見に行くんだね」

「はい。来週末にはお客さんと同行することになってます。仕入れ担当からは物件の詳細情報も取り寄せました。お客さんがもっと写真が欲しいというので、一昨日、写真も撮ってきて、渡す資料もばっちりです」

「君はその夫婦が選んできた物件をどう思う？」

早崎は鞄に入れた物件資料をひっくり返して見直す。

「どうって……二十三区内なのはメリットです。でも駅からすごく歩くのが難点ですね。それからこの物件は……」

すると、ヤマナシは下に置いた紙袋から弁才天のパンフレットを出して広げた。表紙には真っ白な大粒の大福がいくつか載っている。そのうちの一つを指さす。

「この大福の中身はなんだと思う？」

「え？　うーん、いちごかな？」

そして、その横にある大福を指さす。

「じゃあこれは？」

目を凝らしても、似たような白い大福が並んでいるようにしか見えない。

「え……わからないです」

「そう、わからない」

ヤマナシはパンフレットを畳みながら続ける。


「見た目では大福の中身はわからない。物件だってそうだよね。条件とか立地とかはわかるけど、それ以外の暮らし心地とか近隣住民のタイプとか街の感じ、駅から通る道の様子はどこも違う。でもただ情報を見ているだけでは、その差はよくわからない。君はこれらの物件のどれが好き？」

「うーん……」

資料にある白黒のぼやけた写真と情報だけでは、何も判断できなかった。

「いいかい、商品を相手に売りたいなら、君自身がこの商品を愛さないと」

ヤマナシは資料の写真をトントンと指で叩く。

「二十四時間三百六十五日、商品のことを愛するんだ。我が子のように」

「我が子……」

「我が子がピンとこないなら、自分がその商品・サービスの最初のお客さんだと考えること。自分が最初に買いたいと思わないと、お客さんに商品の良さが伝わるわけがないし、お客さんも買いたいとは思わないよ」

「言いたいことはわかります。自分が売る商品ですから、本当はよく知らないといけないですよね。でも良い点があるのはわかりますけど、そこまで好きになれるかっていうと……」

「良い点があるのはわかるって言うのは、仕入れ担当の人が物件情報に上げてくれた利点はわかるってことだよね。平米数があるとか、築年数が浅いとか。でもそれは他人がまとめた利点だよ。自分では調べていない。結局それは他人が仕入れた情報だから、それだけで好きになれるはずがない」

ヤマナシは太い不格好な指で、何か小さいものを持つような仕草をする。

「大福の例で言えば、自分で食べてみないと、実際に何が入っていて、どう食感や味が優れているのかわからないじゃない。このちょっと小ぶりなやつはいちごだなとか、もったりした形のはみかんで、意外と酸っぱくないんだなとか。『好き』は自分が体験するからこそ、リアルな感情として味わえる」

「そうか……写真を撮るだけではなくて、物件の周辺の状況も自分で確かめてみます」

早崎はノートにメモ書きをする。

「不動産の場合は調査の手間がかかるけど、その物件が建てられた経緯を確認してみるのもいいね。登記情報の変更も追いやすいだろう」

「なるほど……」

どうすればその情報が確認できるのか考え始める。大家か、それとも近所の住人か。

「ほうら、考えてみな」

ヤマナシは得意げに生クリームがふんだんに載ったコーヒーを啜《すす》る。

「ヤマナシさん」

「ん？」

「大福、お客さん用だけでは我慢できず、自分でも食べましたね。そうじゃないと、中身とか味とかわからないんで」

「……」


翌日、早崎は物件がある五つの駅にひとつひとつ降りて、それぞれの物件までの道のりや周囲の環境、駅の特徴や近所の飲食店、スーパーなどを調べ始めた。最近は小さなエリアでも観光ガイド本が出ているので、それで人気の施設などは調べられる。

また、男の一人暮らしだと防犯やら住環境やらを見る目が甘くなりがちなので、「女友達が夜に遊びに来るとしたらどうだろうか」という視点で考えてみた。しばらく会っていない、大学時代の女友達のことを思い浮かべながら歩いてみる。

すると、車通りや道の傾斜、階段の多さ、カフェや周辺の家などを、違った印象を持って見られるようになった。二十代の男の足なら気にならないが、ヒールを履いた女性にはきつい傾斜もある。車通りもない方が静かではあるが、夜道の危険性は増す。

駅から物件までの距離は短くとも、地下鉄のため改札から地上に出るまでに非常に時間がかかるところもあった。たまにならいいが、毎日朝晩これを上り下りするのはなかなかキツイ。

これまでは無機質に感じていた物件だったが、こうして友人の視点で見てみると、違う気持ちを抱くようになった。お客様はここで生涯のほとんどを暮らしていくかもしれないんだ。その生活を支え、夢を叶えるために物件がある。物件は手段でしかない。

調査には時間と労力がかかったが、なんとか夕方までには五件すべて回れた。最後に板橋区の物件に寄った際に、地元の喫茶店に入り、ノートを見返しながら、高峰夫婦からじかに話して得られた情報を確認する。

「自然豊かなところ」「のんびりしていてゴミゴミしすぎていない」「仕事が遅いので、都心から遠すぎない方がいい」「地元の人と自然に触れ合える」「保育園近くは外す」

「自然豊かなところ」「のんびりしていてゴミゴミしすぎていない」については、物件近くの公園や駅周辺の雰囲気から判断することにした。駅から物件まで歩いて帰る最短ルートで、それを感じられるような環境かどうか。周囲に大きな公園はあるにはあるが、その周辺以外はゴミゴミしている場所にある物件は候補から外した。

次に「帰りが遅いので、都心から遠すぎない」については、旦那さんと奥さんが働いている駅を起点に電車の乗り換えがスムーズな場所、終電が遅くまである沿線に絞った。

「地元の人と自然に触れ合える」は、商店街があるか、地域のイベントが活発かどうかで判断した。探してみると、今でも昔ながらの地縁を大切にしている場所が東京にもあることがわかった。

最後の条件、「保育園近くは外す」だ。

奥さんは強く外してほしいと言っていた。保育園と距離が離れている物件に限定するのは簡単だ。しかし、本当に外してもいいのだろうか。

メモを振り返ってみると、特に奥さんは子ども関係の話題では活発に発言していた。友人の子どもとも仲良くしているし、公園に子ども用の遊具があることも覚えていた。

これはどういうことだろう?

少なくとも早崎は、自宅近くの公園に遊具があるかどうかも覚えていない。ほぼ毎日目の前を通っているのに。言葉にしたこととは裏腹に、実際にはあの夫婦は子どもが好きなのではないだろうか？

実は、早崎には気になっている物件がひとつあった。

それは、高峰夫婦が選んできた候補の中にはなかった物件だ。念のため、夫婦が挙げていた条件からもう一度価格帯と場所が当てはまる物件を洗い出して、見つけた物件だった。

最初はこの物件も紹介できるかもと喜んだ。しかし、地図をよく見るとマンションのすぐ前に小学校があった。しかも窓はそちら側に向けて開いている。これはやっぱり候補から外してしまおうかと資料を鞄に入れかけるが、手が止まる。

ヤマナシは人が仕入れた情報だけではなく、自分でその物件をよく調べてみろと言っていた。もう少し物件についてよく知った上で、候補から外すか判断した方がいい。時刻は十六時、まだ間に合う。早崎は最後にこの物件の調査もすることにした。

夕方に訪問したので管理人はもういないかと思ったが、薄手のセーターにつっかけ姿の気の良さそうな年配の男性がまだいた。管理業者の人かと思ったが、実は元大家さんで、現在は管理人として自身もマンションの一階部分に住み、共用部分の清掃もやっているのだと言う。

物件購入を考えている人がいるので部屋を見たいと伝えると、快く管理室から鍵を取って来てくれた。

「ここは竣工が昭和六十年なんですね」と早崎が聞くと、「でも建物の構造自体を見ると、古く見えるでしょ？　ここ、昔は学生向けアパートだったの。でも近くにあった大学が、拡大するとかなんとかで、遠くに大きなキャンパスを建てちゃったから、それを機にフルリノベーションしたんだ」と言う。

「へえ」確かによく見ると修繕は綺麗にされているものの、建物の造りは今風のものとは少しずつ異なる。

「お兄さんみたいな若い人はまだ生まれてないから知らないだろうけど、昔はこの辺に学生向けアパートがいくつかあったんだよ。昔はもっと賑《にぎ》やかでね」

早崎は自分で街のことを調べるようになってから、土地というものは時代を経て大きく変遷《へんせん》するということが、実体験として感じられるようになった。自分がその土地の特徴だと思っているものは、わずか十数年の土地開発や人口流入などで生じた変化にすぎない。

都市とは大きな生き物であり、時代と人の流れに乗って変わり続けている。

「でも、ここは地域の方同士の縁をずっと大事にしていますよね」

調べたら、この辺りは商店街連合があるらしく、小さなお祭りやら街角ラジオ体操やらが細々《ほそぼそ》と行われている。

「まあ、みんなほっといたら年寄りばかりになるからね。年寄り同士仲良くせんといかんし、子どもたちもその中で育つようにしなけりゃと思ってね。大学はなくなったけど、近くに小学校があるから、ここに住む人が子どもたちを見守れる場所にしようと思って建て直したのよ」

だから、わざわざ小学校向きに窓が大きく開いていたのか。

「そこをちょっと行ったところで、小さな本屋カフェを倅《せがれ》がやっててね。元々ＩＴ企業に勤めてたんだけど、早期退職とかなんとかで脱サラして始めたんだ。夕方はその場所を借りて子ども食堂もやっているんだ」

管理人さんは公園の清掃ボランティアもしていて、夜遅くに子どもが何人か集まっていることに気がついた。ベンチでコンビニで買ったらしきパンを食べている。

「坊主たち、早く家に帰らんとお母さんが心配するぞ」と声をかけると「お母さん、今日いないんで。父さんは単身赴任中」と返されたという。話を聞けば、仕事で親が家を空けているため、夕方と夜の間は駅近くの塾で勉強をしている。食事は教室でもとれるが、教室のリーダー格の生徒たちが幅をきかせて陣取っているため、仕方なく公園で食べているそうだ。

管理人さんも子どもの頃は鍵っ子だったので、親が家にほとんどおらず、ご飯をいつも一人で食べていたことを思い出して心が痛くなった。安心できる場所で、大人と子どももみんなでご飯を食べる機会を作りたいと思って、子ども食堂を始めたのだという。

「すぐ近くの町でも、孤独死があったって聞いてね。年も年だからしょうがないんだろうけど、みんなで声かけあってやっていかんとね」と言って、新しい人が入ってくれるといいねと笑って見送ってくれた。

今までは自分が売るべき商品を売ろうとしか考えていなかったが、物件を買う、その街に暮らすということは、その地域の価値観の一部になるということなのだ。営業という仕事の価値の大きさに早崎の胸はいっぱいになった。

階段を駆け降り、弾むように電車に乗り込んだ。

翌週末、高峰夫婦に候補物件を案内する日がやってきた。下見調査の結果、高峰夫婦の希望と照らし合わせ、候補物件は「板橋区《いたばし》」「江東区《こうとう》」「北区」の三つに絞り込んでいた。すでに空きが出ている物件は実際に部屋に案内し、入居中の物件は建物周辺を案内した。

まずは、板橋区板橋本町の物件だ。物件を紹介する際には「首都高が通っているので大通りがうるさいのが難点でもありますが、その分車通りが多く、帰り道が明るいから安全に帰宅できます。旦那様の勤務地のある駅から電車で一本なので、乗り換えもいりません」と伝えた。この辺りはカフェなどしゃれた店は少ないが、少し足を伸ばすと最近話題のお店もある、と自分の足でつかんだ情報を伝えると、奥さんの頬が緩んだ。


その次に江東区東陽町《とうようちょう》の物件に移る。一緒に駅から物件まで通るであろう道を歩く。

「この辺はバスで少し行くと砂町《すなまち》銀座商店街があります。テレビでもよく特集されていて、休日に買い出しに行くのも楽しそうですよ」

「へえ、すごい。イオンとか大きめの商業施設も揃っているし、便利なところだな」

と旦那さんも感心している。

「はい。少し歩けば大きな公園もあります。秋は紅葉が綺麗なようですよ」と伝えると、夫婦は微笑《ほほえ》みながら顔を見合わせた。

ここまでは悪くない反応だ。二人は熱心にメモをとり、生活をするならどうだろうかと具体的に考え始めている。

「こうして実際に物件を見てみると、やっぱりいいものだね」

「東陽町の方が予算はかかるけれど、リフォームを簡素化することで改装費用を抑えられるなら、その方向で考えた方がよさそうだよね」

「あの、ちょっといいですか？」

話に花を咲かせていた二人が一斉にこちらを振り返る。

「本来はご紹介しない予定だった物件がもう一つあります。ご紹介してもいいでしょうか。実は小学校の前にある物件なんですが」

穏やかだった奥さんの顔が一瞬曇る。

「比較のためにもぜひ見ていただけませんか。そしたら今の物件の良さももっとよくわかると思います」

夫婦は渋々という表情だったが、とりあえず納得してくれた。

最後の物件は東京の北区、滝野川《たきのがわ》一丁目にあった。小さな区画内にも公園がいくつかあり、十一時台まで東京さくらトラム（都電荒川線）が通っており、交通状況は悪くない。「飛鳥山《あすかやま》公園という東京でも有名な桜の名所があって、春にはとても綺麗ですよ」と伝えてみたが、二人の反応はまだ硬い。

最後の物件の扉に鍵を開けて中に入る。この前、管理人さんと会った際に鍵の隠し場所と暗証番号を教えてもらっていた。扉を開けると、正面に大きな窓が開いている。カーテンもついていないので、窓の大きさがより強調されて見える。内装は陽に焼けて傷んだ畳や手狭な間取り、古い水回りが目立つ。

部屋をそわそわと見回している夫婦に、早崎は向き合ってこう言う。

「保育園や学校の近くは嫌だとおっしゃっていました。そしてこの部屋は子どもの声も聞こえます。ですが、この物件はぜひお二人に紹介したかったのです」

早崎は大きく息を吸う。

「管理人さんの話では、昔ここは近くの大学生が多く住む学生アパートだったそうです。大学がキャンパスを郊外に移転したのをきっかけに、今のマンションに建て直しました。この部屋は小学校近くにあり、その学校を見下ろすようにこちら側に大きな窓が開いています」

早崎は窓のサッシに手を触れる。

「それは元大家さんでもあった管理人さんの考えがあってこその造りなんです。この土地に住む人同士が助け合って、地域に住む人たちが子どもを見守れるようにと考えて、この設計にしたそうです。管理人さんはこの近くのカフェを借りて子ども食堂もやっています。登下校時にはボランティアの方々が「あいさつ」や「声がけ」をしながら児童を見守っているそうです。子どもを地域で守っていこうという気持ちは、どの子育て世帯歓迎都市よりも強いと感じました。こんな血の通った温かな場所であれば、お二人が心から安らげると思ったのです」

夫婦はこちらを食い入るように見ている。特に奥さんの表情がこわばっている。

「すみません、もちろん学校の近くでは嫌だということであれば、こちらは検討対象から除外していただければと思います。ただ、奥様がご友人のお子さんのことを話すお顔が、とても優しげに見えたので……その……」

最後はしどろもどろになりながら言う。

すると、奥さんの固まった表情が崩れ、代わりに透明な涙がポロポロとこぼれ出す。

「ああっ、すみません。何かお気に障ることを言ってしまいましたか。やっぱり音が聞こえるのは嫌でしたかね」と取り繕《つくろ》うと、旦那さんが慌ててとりなす。

「すみません、妻が取り乱してしまって。実は……」

「ごめんなさい」

奥さんが涙を細い指で押さえながら、なんとか話しだす。

奥さんは数年前までずっと保育士をしていた。子どもが大好きで、子どもと関わる仕事がしたかったのだという。めでたく結婚し、二人は子どもを望んだが、長い長い不妊治療を経ても子どもは一向にできなかった。ここまで治療に大金をかけてしまった。医者に言わせると、これ以降の年齢では妊娠できる可能性はもっと低くなるそうだ。もうここで治療を終わりにして、二人で生きていくことを受け入れよう。しかし、自分の子どもを諦めながら子どもたちの中で働くのもつらく、結局奥さんは退職してしまった。

子どもが持てないなら、せめてマイホームくらいはと思い、二人で住居を買おうかということになったが、いざ二人用の物件を見ていると、子どもがいない未来が決定したようでつらかった。最初にずっと浮かない顔をしていたのは、そのせいだったのだ。
「でも、この部屋に入った時にほっとしたんです。子どもの声が微かに聞こえてきて、すごく温かい気持ちになれた。やっぱり私は子どもが好きなんだなぁって。私たちが子どもを持つのは難しいかもしれない。でもこうして子どもの近くで見守りながら暮らすのもいいのかなって」

早崎は自分の頬が思わず上がるのを感じた。不動産界隈《かいわい》でよく言われていることに、「人は土地に呼ばれる」というものがある。人は本当に自分に合った場所に巡り合った時、その他の条件は何もかも忘れて、「自分の住む場所はここだ」とわかるのだという。

旦那さんは奥さんの背中をさすりながら早崎に言った。
「もう少し考えますけど、ぜひこの物件で検討を進めたいです。他に申請中の人はいますか？　先に審査を申し込めば、他の人が申し込みできないとかあるんでしょうか？」

早崎は急いで鞄を開ける。いつも外回りの際に持たされている申請書一式が入っているファイルを、初めて開けた。自分の力でここまでこられたんだ。とても信じられない。急いで紙を探す手が興奮のあまり微かに震えた。

今は何もない古いマンションの一室に、初夏の暖かで確かな日差しが降り注いでいる。白く光るその先には、二人の住む夢のような部屋が見える気がした。

*

次の週、早崎はヤマナシに急いで結果を報告した。初めて次のステップに進めたのだと。まだローン審査や書類審査があるため正式に購入が決まったわけではないが、ここまでこられた喜びがずっと体に残っている。

上司である森山さんも「よかったじゃない。まだこれからだけど、きっと早崎君ならいけるよ」と初めて前向きな声をかけてくれた。他の社員たちも月末の営業成績発表の際に、早崎が成約が取れそうだと話すと、初めて拍手してくれた。

それを聞くヤマナシも心なしか晴れ晴れとした顔をして言う。

「よくやったねえ。人は駅近の物件とか、資産価値がある部屋が欲しいわけじゃない。自分の人生を肯定して、ささやかな夢を実現する場所が欲しいだけなんだよね」

早崎はその言葉を噛《か》み締《し》めた。


早崎は資料を鞄の中から出す。

「それで、次のお客様の対応をすることになりました」

次のお客様は独身男性、三十代後半でSE《システムエンジニア》をしているという。

「駒込《こまごめ》や三軒茶屋《さんげんぢゃや》など人気のエリアを希望されています。購入目的としてアンケートに書かれているのは老後対策ですね」

最近は老後に審査が通らず賃貸物件の入居ができなくなる問題がクローズアップされており、それを理由に購入を検討する人が増えている。

「でも、人気エリアの物件はその分、欠点がとても多いんです。エレベーターがないのは当たり前で、日当たりが悪いとか駅から遠いとかカビが生えやすいとか、狭小住宅、近所にスーパーがない。それを将来の物件価値を気にする方にどう説明したらいいのかと」

土地に高い価値があるぶん、手の届く値段で売りに出されている建物には難点が多いのだ。

ヤマナシは胸ポケットから手帳を取り出し、空白の部分にボールペンで縦に点を打ち続ける。

「何ですかそれ」

「こんなふうに自分のノートに点を打って、そこに自分が見つけた商品、物件と土地の良い点を百個書いて」

「百個？　そんなにはないですよ」

「いやある。あるんだ。顔見知りのいいところを百個見つけるのは大変だが、自分の大事な親友ならなんとか見つけ出せるだろう？　笑った時の眉の下がり方が可愛いとか、近所のおばあちゃんに優しいとか。そのくらい商品を愛してよく見るんだ」

「商品を愛する……。でも百個も見つかるかな……」

「あと、物事はどちらから見るかによって欠点にも美点にもなる。だから短所や欠点ばかりに目を向けるのではなく、長所や特性に意識的に目を向けることが大切。これを美点凝視《びてんぎょうし》という」


試しに三軒茶屋や駒込の物件の良い点を思い浮かべてみた。が、思いつくのは駅から遠い、近所にコンビニがない、目の前が墓地など、欠点ばかりだ。早崎が頭を働かせているのを尻目に、ヤマナシはノートに何やら変な絵を描き始める。


「えーっと、今度はなんですか？」

「これ？　君だよ。この物件を買った君」

「え……」

小さい子どもが描いたようなヘンテコな棒人間が、吹けば飛ぶような家のようなものの隣に立っている。あまりにひどすぎる。

「この君は、家を手に入れることで何が得られるだろう」

早崎は奇妙すぎる稚拙《ちせつ》な家を見てなんとか想像しようとした。

「うーんと……」

ヤマナシはヘンテコな家の下に五千万円と書く。

「この物件を四千万円としてリフォーム代を一千万円と仮置きする。そうしたら二十代正社員の君にローン審査が下りるならＳＰＲ相模《さがみ》銀行ぐらいだろうし、住宅購入補助が会社にあるだろうから、金利が……」

「え、そんなことまで考えるんですか？」

子どもが描いたような絵に、ローン審査だの住宅購入補助だの、現実的な数字があまりにもミスマッチだ。

「そりゃそうだよ。大きい買い物だけど、今の君の立場でも購入できないことはない。勤務年数と収入的に、借りられる銀行は限られるけど」

「でもさすがにローンは今はちょっと……」

「君はそれぐらいの商品を買ってもらうんだろう？　だったら君自身が納得できないと。これから売ろうとしている相手も、君と十歳ぐらいの年の差なんだろう？」

それはそうだ。

「お客さんの親友になるんだ。形だけではなく本当に。世界で一番お客さんのことを考える。自分の家族や大事な友達、恋人のようにね。そんな大事な相手に、数千万円するよく知らない商品を買えとポンと薦められる？　きっと相手以上に親身になって徹底的に調べた上でアドバイスするだろう。それぐらい徹底的に調べるんだ」

早崎は自分のノートを凝視する。そこには商品の情報はもちろん、お客様の情報がびっしりと書き込まれている。でも、まだ何か大事な視点が欠けているのかもしれない……。

ヤマナシは次のミーティングがあると言って鞄を片づけ始める。

「でもさ、単身で割と若くして家を購入するなんて、この人は何を手に入れたいんだろうね？」

そして窓ガラスの向こうをちらっと見る。気がつくと小雨が降り始めていた。「本当にその人は老後対策がしたいのかなあ」と独りごちたあと、じゃあねと雨に濡れないように足早に駅に向かって消えていく。次第に強くなっていく雨音を聞きながら、早崎は全く埋まらないノートをしばらく眺めていた。

その三十代のSE、杉山《すぎやま》さんと初めて会ったのは、次の木曜日の夜だった。仕事終わりに浜松町《はままつちょう》のショールームにまで来てくれた杉山さんに、物件の資料を見せる。

「ご希望の駒込、三茶《さんちゃ》エリアの物件を出してみました。ご希望の予算だとこのような感じですね」

杉山さんは、手渡した資料に素早く目を通していく。

「ありがとうございます。資産価値とか、もし転売することになったらどうなんですか、この辺りは」

早崎は準備していた通りに説明した。自分が購入することを想定して調査した内容だったので、ローンの計算もスマートに伝えられた。

リフォームを含めた不動産購入の場合でも、自分のライフスタイルの変化に伴い、転売することも念頭に置いて話を聞く人は多い。杉山さんは銀縁メガネに真っすぐな目が印象的で、レンズの向こうの瞳は何か話しかけるたびに小刻みに瞬いている。SEという仕事柄なのか、応答があるたびに聞くべきことをひとつひとつ事細かに尋ねる。真面目で堅実なのは間違いないだろう。やはりこういう人にとっては資産価値の高そうな物件がいいのか、とも考えるがヤマナシの助言を思い出す。

「でもさ、単身で割と若くして家を購入するなんて、この人は何を手に入れたいんだろうね？」

杉山さんの手に入れたいもの、スーパーウォンツは何だろう。男性は特に感情表現を抑えがちで、口数も最小限なので感情をつかみにくい。単身ならなおさらだ。幸いにも杉山さんはいくつかの物件を指定して、家の内覧に行きたいと申し出てくれた。このチャンスを生かさない手はない。

その二週間後、杉山さんとは三軒茶屋の駅近くの純喫茶で待ち合わせをした。実際に部屋を見に行く前に、事前に歩いて調査した物件の情報を伝えてから内覧に向かうことにしたのだ。現地で案内しながら説明すると、杉山さんの表情のわずかな変化に気がつけないと思ったので、このスタイルから始めることにした。

自作した分厚い物件資料を見せながら、これから向かう物件の見るべきポイントを伝えると、杉山さんは感心したように言う。

「すごい。随分《ずいぶん》とよく調べてくれたんですね」

「せっかくお客様が一生の買い物と思って選んでくださるものですから。ここでよかったと思っていただけるものをおすすめしたいと思いまして」

早崎は物件の調査の際に浮かんでいた疑問をふと思い出す。

「そういえば今回、三茶エリアをご指定のようですが、何かご縁でもあるんですか？確かにこの辺りは人気のエリアで、転売した時の価値は安定的に高いと思いますが」

「昔、学生時代にバンドをやってて、あの辺りの小さいライブハウスに出入りしていたんです。多少土地勘もあるし」

早崎は少し意外な印象を持った。

「へえ、音楽をやっていらしたんですね」

「今は仕事で手いっぱいなのでそこまで熱心ではないですが。どうせ家を買うなら慣れた場所がいいかなと」

「確かに、土地勘のある場所に自分の持ち家があるのは、とても理想的ですよね」

杉山さんはコーヒーを啜り、深い背もたれにグッと背中を沈み込ませながらこう聞く。

「家を購入する人はどれくらいの年齢の人が多いんですか？」

「一番多いのは三十代後半から四十代後半ですね。夫婦で落ち着けるところを探したいとか、思い切って夢を叶える家が欲しくなったとか、理由は色々です」

「そうですか。みなさん、どれくらいで自分の人生に納得できるものなんでしょうね」

早崎は顔を上げた。そういえば、少し前に物件の相談に乗っていた高峰夫婦の奥さんもこう言っていた。「家を買ったら子どもがいない人生が決まってしまったようで、つらかった」と。

「家を買うと自分の人生はこれだって決まってしまうような感じがしますもんね。自分の人生これでいいのかって思うと、家を買うのもためらってしまうと言いますか」

杉山さんは、テーブルの上の凝ったアンティーク調ランプの模様をじっと見ている。

「そういえば、杉山さんはずっとこのお仕事なんですか？」

「ああ、前は半導体の設計の仕事をしていて、そこから今の仕事に転職しました。自分の性にも合っていると思います」

杉山さんが物件購入費用の上限にあてている金額は、同年代の平均予算よりも高めだ。パソコンに向かいながらそつなく淡々と仕事をこなしていく杉山さんの姿が目に浮かんだ。


「あれ、杉山さん、何か重いものも持ったりするんですか」

コーヒーカップを持つ手の人さし指の親指側に、タコのようなものができていた。すんなりした指の割に関節が目立っている。

「ああ、まあたまに……」

ともう一方の手を見ると、そこにも同じような場所にタコができている。タコができるような重労働をする人には見えないが、インダストリアル設計に携わっていると、試作品を作る際に指を酷使することもあるのかもしれない。

純喫茶を出ると、若林《わかばやし》、上町《かみまち》、経堂《きょうどう》の物件を順に案内する。空き物件になっていたので、実際に部屋に入って内覧を進める。杉山さんは部屋の造りや間取りを自前のメジャーで計測してメモをとっていく。どれも大きな不満はないようだが、かと言って前のめりになっている感じもない。

候補物件を見終わると、今回の内覧を参考に考えてみることにして、いったん持ち帰ることになった。杉山さんは用事があると言って小田急線の経堂駅から下北沢《しもきたざわ》・新宿方面行きの電車に乗って帰って行った。


早崎は経堂駅から三軒茶屋の駅に向かって、数駅ほどの距離を歩いて戻ることにする。経堂駅周辺は大きな商店街があり、飲食店目当てにたくさんの周辺住民や学生が歩いていたが、すぐそばの横道に入ると住宅街が広がっている。この辺りは高層マンションが少なく戸建て住宅が多いため、夜道は暗い。

梅雨が近づいていることもあって、夜風にもじんわりと湿気を感じ、少し歩くだけで軽く汗をかいた。この辺りには更地も多いのか、微かに植物や草の匂いが夜風に混じっている。戸建ての小さな明かりを見ながら、杉山さんは何の愛の欠乏を抱えているのだろうかと考えた。

しばらく歩いていると、明かりが大きくなっている場所が目に留まる。何かのお店のようだ。賑やかで、小さい店ながら音が聞こえてくる。店頭に貼ってあるポスターを見てみると、ここはライブハウスらしい。そう言えば杉山さんも昔はバンドをやっていたと言っていた。彼が学生の頃もこの店は開いていたのだろうかと考え、スマホを出して店名を検索してみると、かなり昔から地元に密着して、若い音楽家の育成に力を入れているとある。

音楽で生きていこうとする人を支える場所が自宅周辺にあったら、杉山さんもきっと嬉しいに違いない。HP《ホームページ》のトップページに戻りサイトを閉じようとして、早崎はあることに気がついた。

*

その次の週末。早崎はたくさんの見知らぬ人に囲まれ、小さな丸椅子に身を置いていた。隣同士は知り合いなのか、お互いの存在に気がつくと元気にしていたかと声をかけ合っている。ここに初めて来たのは自分だけなのだろうかと、辺りを見回す。

ここは三軒茶屋のライブハウス。店内には小さなステージと丸椅子が置かれた客席が設けられている。小規模なライブハウスにもかかわらず店内は熱気で溢れ、人々は期待を顔に滲ませながら、今か今かと演奏者を待ち構えている。初めてライブハウスというものに来たが、こんなにも盛況なものとは知らなかった。

早崎がここに来たのはほかでもない、ライブハウスのHPに杉山さんの名前を見かけたからだ。下の名前が違う漢字なので別人の可能性もあるが、無関係とも思えなかった。何より、彼が学生時代に愛してやまなかったという世界を、実際にこの目で見てみたい。

すると、客席の照明が落ち、賑やかだった周囲は一気に静まり返る。目の前のステージが明るくなり、眩《まぶ》しさに目がくらむ。いつの間にかスタンバイしていた演者たちの輪郭が光の中であらわになる。正面にはあめ色に輝くギターを抱えた男と、その右隣には大きなベースを持った男、そして左端にはドラムセットの前に座る男。

衝撃はすぐにやってきた。ギターが一度鳴ると、両隣からも合わせて演奏が始まる。三人の手は魔法のように楽器の上を軽やかに行き交い、リズムが生まれ、会場全体が一つのグルーヴの中に包まれていく。

音楽のことがよくわかっていない早崎も、気がついたらリズムに乗っていた。初めて聴く曲なのに、心がこの曲に引かれて体ごと引っ張られそうになる。心を鷲づかみにされた客席の心のうねりが演者たちにも伝わり、ひとつひとつの音が跳ねるように輝いている。音楽はこんなふうに、演者と客が一緒に作り上げていくものだったのだ。

高まる鼓動を抑えながら、早崎はステージの左端に目をやる。その目が捉えたドラムの男は、帽子を目深に被り、ジーンズを穿《は》いたラフなスタイルだが、その華麗にスティックを操る姿は、間違いなく杉山さんだった。彼の手はこの演奏をやり切るのだという思いで溢れているかのように、自由に動き続ける。時には激しく、時には遊ぶように軽やかに、ドラムとシンバルが鳴り続け、ビートが生まれていく。

杉山さんは本当は今もこうして、音楽活動を続けていた。あの指の不思議なタコは、今なお音楽を続けている証しだったのだ。

三人の演奏はやがてクライマックスに向かっていく。会場はもはや音楽を聴いているだけではない。客もまた、みな演奏に参加しているのだ。最後の一フレーズが終わり、楽器が鳴り止むと、早崎は客席のみんなと一緒に立ち上がり、心から惜しみない拍手を送った。音楽で本当に感動するとは、こういうことだったのか。

こんなにすごい演奏ができる杉山さんが、会社員として終わってもいいのだろうか。本当は、プロとして音楽活動をしたいのではないか。


その時、早崎はある物件のことを思い出した。

その物件は三軒茶屋の物件と銘打っていたものの、駅からは随分遠く、周辺の住宅街からも離れている。しかも目の前に高速が走っているので夜でもうるさい。鉄骨コンクリート造だが、建物が古い分湿度が高く結露しやすい。加えて一階部分は事務所なので住居にしては騒々しい。あまりに欠点が多いため、三軒茶屋の物件として検索候補に出てきていたが、こちらで除外していたものだった。


立ちながら急いで鞄の中のノートをめくると、そこにはヤマナシのアドバイスが書き留めてあった。

「どんな商品でも美点を見つけること。そして商品を愛すること」

頭に浮かべていた物件の名は「シティハイツ上馬《かみうま》」、この物件の様々な欠点は、美点に変換することができるのではないか。

駅から離れている、目の前が高速でうるさいという欠点は、「住宅街ではなく、民家が隣接しておらず、なおかつ多少騒音を出しても気にならない」とも言える。

また壁が分厚く、気密性が高い構造は一般住宅としてはオーバースペックだが、「楽器を演奏しても全く騒音にならないので、ミュージシャンにとってはもってこい」だとも考えられる。

さらに一階が事務所兼倉庫であることは、「騒がしいが昼しか人がいないので、夜に大きな音を出しても怒られない環境」でもある。

最寄り駅からは歩くが「下北沢などのライブハウスへの移動が便利で、公演が夜遅くなっても自宅に帰りやすく、音楽をする人には希少価値の高い物件で、資産価値は下がらない」とも言える。今まで避けるべき欠点だと思っていたが、こんなふうに考えれば、これ以上ないぐらい良い物件じゃないか。

早崎は鞄を引っつかみ、熱気冷めやらぬ会場を後にした。

後日、早崎は杉山さんにメールを送り、三軒茶屋に呼び出した。本来は事情を説明して来てもらうところだが、どうしても彼には先入観なく見てほしかった。

「早崎さんから急に『絶対に見てほしい物件があります。理由は現地で説明させてください！』と連絡が来たので驚きましたよ」と、小雨の中、杉山さんが折り畳み傘をさしながら言う。

「お休みの日にすみません」

「まあ、この辺なら来るのは問題ないですよ。でも、ここは駅からかなり遠いですね。自転車はいるなあ。バスもないし」と独りごちる。シティハイツ上馬に到着すると、建物の見た目はなかなかに古い。雨と梅雨の湿気もあって、ジメジメとした印象がさらに増す。

古い家特有の、使い込まれた小さな鍵を鍵穴に差し込み部屋に入ると、リフォーム前とはいえ、お世辞にも綺麗とは言えない薄汚れた小さな部屋が広がっている。杉山さんは困惑の表情を浮かべながら部屋を見回す。

「早崎さん、これは……」

「ここは杉山さんにぴったりの物件だと思ったんです」

早崎は怪訝な顔をした杉山さんに向かって言った。

「この物件、シティハイツ上馬は住宅街から離れていますし、目の前に高速道路があるので、大きな音を出しても平気です。密閉性が高く湿気がこもりやすいですが、その分遮音性が高い造りになっています。演奏可のマンションも同じような構造になっています」

杉山さんは唇を真一文字にむすんで黙ってこちらを見ている。

「一階は事務所ですが、平日の昼しか人がいないので夜や休日には大きい音を出しても問題ないとのことです。最寄駅から歩く必要がありますが、周辺のライブハウスには自転車などですぐに行けるので、交通機関に乗る必要がありません。場所自体は地価高騰区域なので、資産価値も下がらないはずです」

胸に息を大きく吸い、早崎は真っすぐにいう。

「ミュージシャンを目指している杉山さんにはぴったりだと思いました」

杉山さんは初めて動揺したように、「え、なぜ……」と口走る。早崎は杉山さんの手を軽く指さす。

「杉山さんの手のタコは、ドラマー特有のタコですよね？　ずっと人さし指と親指でスティックを持っていると、人さし指の内側にタコができるらしいですね」

すぐに早崎は謝る。

「すみません、実は三軒茶屋の近くにあるって言っていたライブハウスのＨＰに、杉山さんの名前があることに気づいて、もしやと思って演奏を見に行ったんです」

「あ、ええ？　そうだったんですか」

「はい。恥ずかしながら私は初めてライブというものに行ったんですけど、お世辞抜きですごく感動しました。杉山さんが本気でやっているんだ、この世界で生きていたいんだってこと、伝わってきました」

杉山さんは少したじろいだ後、「早崎さんに言っておけばよかったね。でもいい年して、仕事にもならないことに熱中しているなんて思われたくなくて」と言った。

老後対策で自宅の購入を考えていたのは事実だが、ミュージシャンと近い生活に身を置きたかったのも本当だと小さく言う。

「まあ、もう僕も三十七なんで、今さらなれるわけないけどね」

「なれなくても、目指してはいけませんか？」

杉山さんの胸が呼吸に合わせて上下する。

「なれるから何かを目指すのも正しいことだと思います。でも、なれなくても続けてはいけないんでしょうか。僕は音楽のことは全然詳しくないですが、音楽はそれでもなりたい人、そこで生きていきたい人がやるものではないですか。音楽家になれる人だけではなくて」

「でも、別に稼げるわけじゃないからさ。この前の出演料だって微々たるものだよ」

早崎は大きく頭を振った。

「お金が得られるかどうかは二の次だと思います。家はその人の人生の一つの区切りだってこの前おっしゃっていましたよね。その区切りに、ミュージシャンになりたいという夢は入っていないのですか？」

「……自分の夢を目指して買ってもいいのかな」

杉山さんは床に目を落とす。

早崎はこれまでの中で最も言葉に力を込めた。

「住宅は、資産形成とかリスク回避のための商材ではありません。自分の人生を肯定するためのものだと思います」

仕方ないとでもいうように大きなため息をつくと、杉山さんは小さくうなずいた。部屋の外からは、鳴り止まぬ拍手のように雨の音が続いている。

その翌週、一通のメールが届いた。杉山さんからだ。

「早崎さん　あの物件に決めました。書類審査を進めたいです」

早崎は自宅のパソコンの前で思わずガッツポーズをした。自分にだって、不動産が売れるのだ。早崎は初めてこの仕事に手応えを感じていた。

第2章の早崎メモ（商品を愛する）

- 商品を相手に売りたいなら、営業マン自身が二十四時間、三百六十五日、自分の商品を我が子のように愛すること。
- 営業マンは、商品の最初のお客様である。営業マン自身が買いたいと思っていないのに、その商品の良さがお客様に伝わるわけがない。
- 商品の利点は、他人が仕入れた情報ではなく、営業マン自らが体験して集めること。自分で体験するからこそ、リアルな感情として商品の良さを伝えることができる。
- どんな商品でも美点を見つけられる。商品の美点をノートに百個書き出す。そして、その商品を心から愛すること。

・お客様の親友になる。世界で一番お客様の未来の幸せを考える。そして、お客様以上に親身になって、商品にまつわる情報を徹底的に調べてご提案する。

第3章

営業の神様は「なんでもアクをよく抜くことが大事だ」と言う

「四件　高倉一生《たかくらいっせい》」「三件　生島成美《いくしまなるみ》」「三件　森山大成《もりやまたいせい》」「二件　早崎郁之」「一件　奥村尚美《おくむらなおみ》」と書かれたホワイトボードが前に出されると、フロアからは拍手が広がる。

月一の全体会議では、その月の獲得成約数が発表される。その場所で、初めて早崎の名が挙げられた。物件購入が一番動く春を過ぎたため、全体的な成約数が落ちたからこそ滑り込めたようなものだが、それでも初めての快挙だった。

他にも何人かのお客様との商談も進んでおり、あと数ヶ月はかかるかもしれないが、いくつかは購入に進められそうだ。早崎にも拍手が向けられると、ようやく会社の一員になれたような気がした。上司である森山さんも、これまでにない笑顔で拍手してくれている。

会議の後、早崎は森山さんに呼び止められた。何やら森山さんと別の部の上司が話し合っている。

「早崎君、ちょっといいかな」

「はい、なんでしょう?」

「君に頼みたいプロジェクトがあってね」

いつもはイベント参加者フォローからの営業を振られるだけだったので、珍しい。何か気にかかることがあるのか、森山さんが言うのを躊躇《ためら》っている。それを見かねたのか、隣にいた別の上司が代わりに言った。

「ちょっと森山さんには他に担当してほしい案件が生じてね。この部で一級建築士の資格を持っているのは彼だけだから、どうしてもね。代わりに早崎君に引き継いでほしい案件があるんだ」

「はい、もちろんいいですけど」

「よかった。うちで受注が決まっている大型案件をお願いしたいんだ」

話を聞くと、元々は森山さんが担当していたお客様の対応を、早崎に振りたいということらしい。ここ数ヶ月ずっと森山さんが忙しそうにしていたのは、その大型案件の対応のためだということは、早崎も小耳に挟んでいた。

大型案件であれば結構な売り上げになるはずで、それを簡単に早崎に譲るというのもなんとなく腑《ふ》に落ちない。プロジェクトの引き継ぎのために案件の内容を聞いてみると、デザイン会社がビルの一階層を買い取り、内装のリフォームも手がける依頼内容だという。

物件もほぼ本決まりで審査に関してもすでに進んでおり、あとはリフォームの詳細を固めるだけと、手間のかかりそうな作業はすでに終わっている。

「どうにも社長の意向がつかみ切れていなくてね。内装デザイナーの三木さんも頑張って何度も提案してくれているのだけど、なかなかOKが出ないんだ。早崎君にはその社長の意向をうまく汲み取って、施工まで持っていってほしいんだよね」

「話を聞く限り、そこまで大変そうな案件にも思えませんが、なぜそんなに難航しているんですか？」

「まあ、そこの社長もデザイン界隈《かいわい》では有名な人でね。その分色々と要望があるみたいなんだ。そこさえクリアできたらすんなりいくと思うんだけど」

デザイン会社だからこそ、自社の内装にもこだわりが色々あるのだろうか。

手元のｉＰａｄで見た会社情報では、確かに話題の仕事を手がけているようだった。代表挨拶のページにはモノトーンの写真が掲載されており、芸術家を彷彿《ほうふつ》とさせる男性が写っていた。律儀で繊細そうな視線がこちらを見返している。

名前は神川崇《じんかわたかし》。慶應義塾大学卒業後、海外の有名なデザイン学校で学び、若くして会社を興し、著名な広告賞を数々受賞してきたと書かれている。確かにすごい人物のようだ。

発注金額もさることながら、実際に受注できれば施工事例として大きく注目を集めるだろう。

引き継ぎの挨拶をするために、神川社長、森山さん、早崎のオンライン会議を設定する。内心期待に胸を膨らませながら打ち合わせのＵＲＬに入ると、事態は一変した。

森山さんからは、事前に担当者を変更するとメールでも対面でも伝えてくれていたようだが、改めて担当者変更の挨拶をしても、神川社長の反応は薄い。

「で、次に担当することになったのが、今同席している早崎です。彼は実家の工務店で働いた経歴があり、お客様の評判もよく、今回後任として推薦させていただきます」

初めまして早崎です、これから一生懸命サポートさせていただきます、と言い終わらないうちに神川社長が遮《さえぎ》る。

「一応、今回の担当者変更は森山さんからも聞いていましたけど、普通は直々に挨拶に来るものではないですか？」

打ち合わせの画面が一瞬凍る。いつも穏やかに対応している森山さんの顔に焦りの表情が浮かんでいるのが早崎にもわかる。

「はい、ですけれど、神川社長がお忙しいとメールでおっしゃっていたので……」と森山さんが急いでフォローを入れるが、「いやいや、忖度《そんたく》ではなく仁義を通すべきでしょう。正直なところとても失礼だと思いました。何より、次の担当者は優秀と聞いていましたけど、こんなに若い方で大丈夫なんでしょうか？　そこも疑問です」と切り捨てる。

「それについてなんですが、早崎は……」

「今日は次の打ち合わせの準備があるので、ここまでにさせてください」と言い、神川社長は突然画面から消えてしまう。

森山さんは大きなため息をついた後、「……っていう感じの人なんだ。気難しくてね。今日の打ち合わせは僕のミスだから、すぐに謝りを入れておくよ。少し日が経てば話を聞いてくれると思うから。早崎君の方でも、神川社長の情報を事前に押さえておいてくれるかな」と申し訳なさそうに言う。

早崎はこれまで自分の心に満ちていたキラキラした自信のようなものが、みるみるうちに萎《しぼ》んでいくのを感じた。

*

いつも通りに日本橋のカフェチェーン店に行くと、カウンター席に当然のごとくヤマナシはいた。手元にはアイスコーヒーと、すでに食べ終わったアイスクリームのカップが置かれている。

「あれ、今日は随分浮かない顔してるじゃない」

「ええ、ちょっと」

「何よ、ボーナスの金額が低くて落ち込んでいるわけ？」

「違いますよ……」

早崎はため息をつく。

「うーん、ヤマナシさんと会ってから、だんだん営業がうまくいくようになったんです。自分でも驚くぐらい」

「そんならいいじゃない」

「……でもうまくいかない人も出てきたんです」

「どんな人なの？」

「これまで割と、自分の年齢に近いようなお客様につけてもらえていたんです。穏やかだし、いい人たちでした。でも業務がうまくいっているので、ちょっと難易度の高い方も担当するように言われて」

カラカラになった口の中を動かすために、唾を飲み込む。

「つい自分が変にへりくだってしまうというか。今までのお客様みたいに、いまいち親身になれないんです」

「へええ、その人の何が怖いわけ？」

早崎はオンライン会議で会った神川社長の顔を思い浮かべる。端正な顔立ちだが、その表情は硬く微動だにしない。どことなく漂っていた陰鬱《いんうつ》そうな雰囲気。

「はっきり言うと、学歴があって頭もいい人で、自分が逐一《ちくいち》評価されている感じが怖いんです。仕事にも厳しいし、常に相手の心のうちを読まないと何も進まない。品定めされている感じがずっとしていて……正直なところ苦手です」

「でも、自分と属性が近い人ばかり相手にはできないよね」とヤマナシはシロップをアイスコーヒーに追加しながら言う。

早崎は以前から思っていたことを口にした。

「ヤマナシさんは苦手な人とかいないんですか？」

何度か、店の中でヤマナシとお客様であろう人が一緒にいるのを見たことがある。

おそらくみな社長クラスなのだろうが、様子から見て自分だったら対応の仕方に迷ってしまうような人もいた。それでも、いつでもヤマナシは飄々《ひょうひょう》としていた。

「相手は何を望んでいるのか、何がスーパーウォンツなのか判然としないんです。完璧でなんでも持っているように見えますし。やっぱりああいった人は人を従わせたいだけなんでしょうか？」

するると、ヤマナシは急に頭をグリグリと早崎の方に押し付けた。

「うわ!!　またなんですか⁉」

「君さあ、相手のことが苦手だと感じるから、知りたい、知りたいって気持ちが弱くなってない？」

「それは……」

「失敗とか拒絶とかを怖がっていたら営業として次のステップに行けないよ。自分と近い価値観の人とだけ付き合い続けるなんて、無理だからさ。どんなお客さんにも愛を持って接すること。もっと成約数を取れるようになりたいんでしょ」

ヤマナシはお世辞にも見ていていい気分にはなれない笑顔を浮かべながら、さっと太い両腕を広げる。

「さあ、胸に飛び込んでおいで！　一段上の君になるんだ！」

早崎はそれを無視した。苦手な人とも付き合えるようになれば、自分の営業マンとしてのスキルも上がることはわかっていた。それでも二の足を踏んでしまう。

「なんだよう。相手のことを苦手に思うから、相手の欠乏に向き合えなくなっているんでしょう？」

「本当にあんな完璧そうな人にも、何か足りないものなんてあるんでしょうか？」

「誰でもあるよお」


　ふと見ると、机の上に何かの殻のようなものが転がっていた。小さな葉っぱのカケラのようなものも落ちている。さっき、ヤマナシが勢いよく腕を広げた時に胸ポケットから落ちたもののようだ。

「何か落としましたよ」

「え？　あれ？　ああ、さっき掃除した時にポケットに入っちゃったのかな」

「掃除？」

「お客さんと今商談を進めているんだ。彼は和菓子屋の二代目社長なんだけど、仲良くなって色々と相談されるようになってね。自宅の倉庫の整理を手伝ってたんだ」

「そんなことまでするんですね」

「うん、まあ信頼して呼んでくれるのは嬉しいことだから。これから出張が入るかもしれないし、時間が取りやすいのは今だけだからさ」


ヤマナシは窓ガラスの向こうを見やりながら、どこか遠い目をして言う。

「で、倉庫を整理するのはいいんだけど、倉庫を潰して建て替えて愛人の家を造りたいんだってさ。不動産の名義とかどうすればいいのかって相談されてね」

「愛人の家ですか」

「そう。奥さんとはもう三十年は連れ添っていて、大きくなった子どももいるんだけど、齢五十歳を越えて愛人の家を持ちたいとか」

早崎は思わず自分の顔が険しくなるのを感じた。

「そういう場合ってどうしたらいいんでしょうね。僕は正直、そういう人は好きになれないです」

なんでも持っていて恵まれているのに、もっともっとと求めすぎるのは、ちょっと傲慢《ごうまん》がすぎるのではないか。

早崎が密かに怒りを感じているにもかかわらず、ヤマナシはどこ吹く風という顔をしている。

「まあ、社会的にはけっして褒められた話ではないよね。でも、相手にはどんな痛みがあるかはわからない。そして本当の痛みにたどり着くためには、お客さんを愛すること。そして、相手の価値観を完全受容、完全肯定しなくてはならない」

「完全受容、ですか？」

「そう。お客さんの話を完全受容、完全肯定すること。お客さんの応援団長になるんだ」

「応援団長って……少なくとも僕の顧客の社長は、僕が応援するようなところは何もないと思いますよ」

「んなこたない。みんな、自分の本当の願いや欲求を叶えることには自信がないもんなんだ。本当に受け入れてもらえるのかって不安な気持ちがある。だからこそ相手のことを肯定するんだよ」

「どんなことでもですか？　それはちょっと……」と早崎は弱腰になるが、ヤマナシは頑として譲らない。これまでで一番、語気を強めて言う。

「自分の価値観で相手の価値観をいいの悪いの、判断しない。自分のことをどこかで否定的に見ている人からモノなんて買いたくないだろう？　話を聞いている間は、相手が大事にしているものを営業マンも大事にする。相手よりも興奮して、前のめりになってお客さんの夢や欲求について一緒に考える。こんなにも自分のことを受け止めて肯定してくれたのは初めてだと言わせるぐらいにね」

ヤマナシの勢いに押されたが、それでも早崎は自分にそれができるとも思えない。黙って少し考え込んでいるとヤマナシは言い募る。

「完全受容、完全肯定すること自体が目的ではないよ。お客さんをいい気にさせるために下手《したて》に出るのとは違う。徹底的に相手に肯定的になることで、ふたつのことが聞き出せる」

「ふたつのこと？」

「ひとつ目、そのお客さんにとってどんな愛が欠乏しているのか、最大の痛みは何か。

ふたつ目、そのお客さんのスーパーウォンツは何か。いったん全部受け止めないと、相手からその情報を得ることはできないよ」

まだ腑には落ちなかったが、早崎は急いでノートにメモをとった。完全受容、完全肯定。

その傍らで、ヤマナシは手のひらの木の実の殻をじっと見ながら言う。

「僕も二代目社長の愛人宅をなんとかしなきゃなあ。名義の変更はともかく、倉庫の片付けがもう大変なんだ。昔は二代目社長が一人で住んでたらしいんだけど、屋敷に移ってからは何十年もただ物を置くためだけに使っていたみたいで、掃除も手入れもされていなくてね。草とか木とかものすごい状態になってる。フェンスを破りそうな勢いで、立派な木も一本生えてるんだ。倉庫は壊してしまえばいいけど、どうしようかなあ。ただ伐《き》るのも忍びないし……」

「あの……僕、うまくやれますかね……」

すると、ヤマナシはいつもの調子で「大丈夫だ、大丈夫だよう」と言う。

「カッコつけようとせず、地道に相手に親身になろうとするんだよ。それだけでいい」

*

次に神川社長に会ったのは、入居する物件の内覧の日だった。この物件にほぼ決まったようなものだったから、内覧そのものは問題なく進むはずだ。物件に到着した神川社長を見かけるとすぐに近寄り、「先日は直接伺えず、申し訳ありませんでした」と謝ったが、神川社長は無表情だった。謝って当然という感じなのだろうか、早崎を一瞥《いちべつ》した際もどことなく値踏みするような視線を隠さない。

デザイナーの三木さんも加えての内装確認では、今回の改装で手をつける部分の確認作業を行う。早崎も資料を見ながら一緒に見ていくが、施工図面上、不明な箇所がある。

「あれ、ここってブックシェルフの置き場所でしたっけ?」と三木さんに確認すると、神川社長のスイッチが入った。

「君、こんなこともわからないの? ここは準防火地域の五階だから、ここに防火扉が必要になる。これ、基礎的なことだよ。大丈夫なの？　森山さんはせめてこれぐらいはわかってたけどね」と言われ、早崎は赤面した。

上司である森山さんは、営業でありながら一級建築士の資格を持っているため、建築物に関する知識も深い。早崎も宅建士の勉強を始めたばかりだが、知識が追いつかなかったのだ。営業職で資格を持っている人間は少数派だと言いたい気持ちが芽生えたが、なんとか表に出さないように堪えて謝った。


三木さんは本題に戻そうと、「ここに森の入り口を模したファサードを配置するので問題なかったでしょうか？」と聞く。

「ああ、ここに欲しい。でもモニュメントを吊り下げるなら、上から吊った方がいいのかな。軀体《くたい》に設置した方がいいかもしれない」

森山さんによると、神川社長は今までオフィスの賃貸利用をしてきたが、この先も賃貸にお金をかけるのは無駄だと考え、購入することにしたという。コロナ禍を経てリモートワークが根づいた会社が多いが、一方で一部の会社は社員の出社を義務付ける方向に二極化している。「一日中パソコンの前にいるので、どうせならいい環境で仕事がしたい」というのが神川社長の狙いだそうだ。

一見もっともな話だが、何かが欠けているような気がする。ヤマナシは「その人にとって最大の痛みは何かを探り出せ」と言っていた。経営者にとっての悩みはお金、後継者、健康の問題に集約されることが多いという。

女性の場合は子どもの問題か夫の浮気が隠れているそうだ。神川社長は見た目は健康に見えるし、オフィスを買う以上お金に困っているようにも見えない。事業の売上高も、調べたところ順調に伸びている。後継者問題があるのだろうか。

後日、既存のオフィス家具の計測に当たって、今の事務所にお邪魔する。三木さんが机のサイズを測っている最中、早崎が喫煙所の前に置いてある観葉植物の大きさを測っていると、若い男性がやってきた。仕事の前のタバコ休憩だろうか。デザイン関係の仕事らしく髪は金髪で、服装も非常にラフだ。

男は早崎の存在に気がつくと、「新オフィスの改装の人ですか？」と聞いた。そうだと答えると、「今度はどこになるんですかねえ」と言いながら気だるそうにタバコに火をつける。

「あ、江東区の予定です。場所はみなさん聞いてないんですか？」

「何にも。社長の一存なんで」とそっけない。神川社長に聞くより、彼に聞いた方が何か情報が得られるかもしれない。

「神川社長、先見の明《めい》があって決断力のある方ですよね。江東区に知見があるんでしょうかね？」

「あー、違うと思いますよ。前は国立に奥さんと暮らしてたんじゃないかな。今は一人で恵比寿にいるし、その前も渋谷周辺に住んでたから」

彼は長くここにいる社員なのだろうか。初めて家族関係の情報が聞けた。「奥さんがいらっしゃったんですね」と言うと、彼は一瞬しまったという顔をした後、諦めたように、「まあ、前はオフィスにも時々来てたらしいですよ。僕は見てないけど」と話した。

彼いわく、神川社長には奥さんと娘さんがいたが、数年前に別れて娘さんは奥さんが引き取ったらしい。それからは一人暮らしだという。

「社長は何を思って、今回のオフィス用の物件を購入しようと思われたんですかね？」

「うーん、悩んでるんじゃないかな」

「何に、ですか？」

彼は一重の目を伏せる。

「……なんでしょうね」

「あの、えっと」

「あ、僕は深澤《ふかざわ》です」

「深澤さんはこの会社はもう長いんですか」

「ここでは長いかな、二年ぐらい」

早崎は思わずまじまじと顔を見てしまった。早崎の表情の意図を汲み取ったように、深澤さんは続ける。

「ああ、ここ、あんまりみんな長くはいないんですよ」

「そうなんですか、広告賞も取ったりする優秀な人が集まる会社だから、独立したりとか？」

「そういう人もいるけれど、少ないかな。やっぱジンさんが一人でここまでのし上がってきた会社だから、ジンさんの決定権限が強いんです。デザイン関係はそうは思われないかもしれないですけど、ブラック企業も多いですし。ここも見た目に反してワンマンですからねー」

「そうなんですね」

彼のあの態度は社員に対してもなのか。

「意見が強いぶん、業界では勝ち残ってこられたけど、人が集まってもついてこられずに脱落してしまう。ジンさんもそれに悩んでるんじゃないかなあ。それで急にオフィスを一新するとか言っちゃって。そこじゃないのにね。また人が離れて、それでも来て、辞めて……その繰り返し」と言った後、早崎に向かってシッというように冗談っぽく口の前に指を立てる。

「僕もどうなるのかわからないけど……まあ、ジンさんのことだからオフィスの改装にもあれこれ言うと思いますけど、頑張ってください。あ、くれぐれも僕が言ったことはジンさんには言わないでくださいね」

計測が終わってフロアに戻ると三木さんと神川社長が何やらもめている。どうやら神川社長はみんなと議論できる環境にしたいという。

しかし指定した間取りとテーブルの位置は固定的で、まるで神川社長が社員を監視するような配置になっていた。三木さんは折衷案を考え、あれこれアイデアを出すが、神川社長は気に入らないらしい。デザインの決定権はお客様にあるので、委託されている側は従うしかないが、どうにも釈然としない。

やり取りを横から見ていると、どうも神川社長は社員と交流したい、話をしたいと言う割には自分の決定権を譲りたくないようだ。時折オフィスに訪れる他の社員も、彼の顔色を窺《うかが》い指示には従うが、どことなく遠巻きにするような雰囲気がある。早崎は頭痛がしてきた。

*

週末、早崎はランニング姿で清澄白河《きよすみしらかわ》駅にいた。待ち合わせ時刻の朝七時ぴったりに、神川社長が同じくランニング姿で現れた。早崎の存在に気がつくと、少し驚く。

「本当に来ましたね」

「はい。一緒に走りたかったもので！」

神川社長はランニングが趣味と聞いたので、一緒にこれから引っ越す予定の場所周辺を走らないかと誘ったのだ。神川社長は訝《いぶか》しみながらも、下見になるならと渋々といった感じで了解してくれた。

ヤマナシの言葉に触発されて、今日ここに来ていた。

「顧客の親友になりなさい。最高の友達とは、自分の話を聞いてくれて、自分のことをわかってくれる人」

「売ろうとか営業しようとか思わずに、その人のことを調べて考え続ける。短い時間でも相手と親密になるには、世界で一番その人のことを考えること。営業電話でも、かけている時はその人のことだけを考えること」

早崎はFacebookで神川社長のアカウントを見つけた。過去の投稿内容を徹底的に確認する。土日にはランニングしている投稿がしばしばアップされていた。あとは趣味の3Dデザインの記録、多くの子どもたちに囲まれて笑顔の一枚。そしてカフェでビール。数年前には娘さんと遊んでいる投稿もあったが、今はそれもない。

「この辺りは風が気持ちいいですね」

早崎は深呼吸をする。夏とはいえ、まだこの時間帯は凌《しの》げる暑さだ。うだるような夜の倦怠感が消え、ジリジリと焼けるアスファルトの匂いが遠くに感じられる。あと数時間もするとむせかえるような暑さがやってくるのだろう。

隅田川が近くに流れている関係で、まだ風通しは良い。近隣には木材置き場を改装したコーヒー店も多いらしく、走っていると時折コーヒー豆の良い匂いも感じる。

隣を行く神川社長の足取りは速く、テンポもいい。走り慣れているのがよくわかる。

「神川社長、速いですね。ずっとランニング、されているんですか」

「大学の時は陸上をやってたからね。仕事が忙しくてずっと走ってなかったけど、最近また走り始めた。運動不足だから」

走り始めた当初はなんともなかったが、木場公園に差し掛かる頃にはすでに脇腹が痛くなっていた。息が上がり、足が重い。学生の頃は頻繁に散歩していたから、まだ体力もあると思っていたが、想像よりずっと衰えていたらしい。

前を走る神川社長はペースを崩さず、早崎のことも気にかけないまま、先に進んでいく。体はそろそろペースダウンして歩こうよ、と囁《ささや》くが、ここで速度を緩めてはいけない気がした。一緒に走り続けることで神川社長により近づけるような、奇妙な直感があった。しばらく走り続けると、神川社長は思い出したようにこちらを振り返る。

「へえ、意外。ランニングやっていたの?」

「いいえ、ここまで本格的に走るのは久しぶりです」

「ふうん、頑張るねえ」とまた前を向く。


早崎は体のシグナルを無視して、前に進むことに集中した。走っていることを忘れて、テンポよく呼吸することだけを考える。すると不思議と苦痛を感じにくくなり、代わりに不思議な高揚感を感じる。これがランニングハイというやつだろうか。噴き出した汗が熱くなった早崎の額を冷たく流れていく。早崎が数メートルは離れてしまったが、それでもついてくると、神川社長は少し怪訝《けげん》そうに、「早崎さん、別に走るのが好きってわけじゃないでしょう」と言う。

「最近は、運動不足気味でした。でも、こうして走ってみると、気持ちがいいです。自分とは違うペースに合わせて走った方が、上達する感じがします」

「それはあるよね。でもみんなきついから自分のペースを保とうとする。それだと体が慣れないいんだけどね」

「なるほど、神川社長は、そうやって上達してきたんですね」

「そう。ランニングだけじゃなくて、仕事も。僕はデザインの世界でずっと一流と言われる人の下で育って、新人の頃から仕事量をこなしてきた。それで僕は実力をつけてきた」

そういえば神川社長の経歴は、国内の有名なデザイナーが立ち上げた会社から始まったと書いてあった。最新の神川社長が取材された特集記事でも、「才能と同じくらい仕事量も大事」と書いてあった気がする。

「一番、短期間で実力をつけるために、ずっと研鑽《けんさん》してこられたんですね」

「うちの社員にもそうであってほしいけど、みんな自分のペースとか気持ちとかを大事にしたがるから。だから上達しないし続かないし突き抜けられない。今のやり方を直さなきゃって言っているんだけど、お客様気質というか」

神川社長の走るテンポは変わらず、走りながら話していてもあまり息が上がらない。

「美大を卒業したとか、有名な賞を取ったとか言ってもすぐにダメになっていく。気骨のある奴だけが生き残れるのに、態度だけは一丁前」

「ずっと身を粉にして、第一線でいるために、全部の時間を使ってきた神川社長からすれば、許せませんよね」

淡々と前を向いていた神川社長が初めてしっかりとこちらを見た。

「うちの社員も少しぐらいは君みたいな姿勢があればいいんだけどね」と少し口元を緩める。

道路沿いを走っていると、早崎は急にスピードを落とした。

「あれ？　この建物……」

この色とりどりのガラス片が嵌《は》められている壁に見覚えがあった。しかもつい最近見た気がする。

「え？　早崎さん、ここを知ってるんですか？」

神川社長が怪訝な顔をする。歩みを止めながら壁を見上げると、ようやく思い出した。あのFacebookに一枚だけ載っていた、子どもたちに囲まれた写真。

「神川社長、ここで子どもと撮った写真を、SNSに載せてませんでしたっけ？」

「あー……？　そうだっけ？　そうかもしれない」

表側に回ると、手作りらしき表札が見えてくる。「しらかわ子どものいえ」。

神川社長も同じように足を止める。

「ここは発達障害とかギフテッドとか、標準の学校教育に馴染《なじ》めない子が集まる場所なんだ。今日は開いてないんだけど」

確かにフェンスの向こうに広がるグラウンドはがらんとしている。


「知り合いのIT企業の社長が子ども向けプログラミングソフトを開発していて、この子どもたちにも教えてる。その縁でここに来るようになってね」

「でも、普通の教育に馴染めない子どもに何か手ほどきするってきっと大変ですよね」

「まあ、画一的に教えることができないからね。でも、あの子たちは特性を踏まえてちゃんと向き合ってくれる大人が周りにいなかったってだけで、理解力がないわけじゃない。むしろありすぎて物事を深く感じすぎる子もいる。一人一人の個性を見ながら進めることが大事なんだ」

グラウンドを見る神川社長の顔は、これまでで一番凪《な》いだ表情を浮かべる。

「神川社長はその子たちに向き合いながら教えていらっしゃるんですね」と早崎は言った。神川社長は片方の口の端を何かにひっかけるように笑う。

「とは言っても、家族にはそんなことできなかったけどね」

「なぜですか？　園の子たちには、とても親身に愛情を持って接していらっしゃるのに」

神川社長の足がピタリと止まる。

「家族には、とにかくお金を稼いで渡していればいいと思っていた。子どもには最善の環境を与えて、成長を導くのが親の役目。僕はそう思っていたけど、妻はそうではなかったんだと思う」

自宅は国立のタワーマンションだった。幼稚園と小学校はどこが良いか神川社長があらかじめ厳選し、そこに通うことを前提に住み始めた。奥さんはそんなに焦らなくてもと言ったが、子どもの人生は幼少期にかかっていて、それを最高の環境に整えるべきだと押し切った。

小学校に入ると週四回の塾通いがスタートした。土日は能力開発のため体操とバレエを習わせる。娘はお友達ともっと遊びたいと言ったが、ファミレスで集まってゲームをしているだけの子ども集団とは遊ばせたくなかった。中学に入れば、進学校では同じレベルの子どもたちと仲良くできるだろうから、それまでは習い事中心の生活を変えない方がいい。

娘へのクリスマスプレゼントに、前から欲しがっていたゲームとｉＰａｄを贈った。喜ぶ娘に「友人の開発した子ども向けプログラミングソフトが入っているから、これで操作に慣れるといい」と言うと、子どもらしい彼女のすべすべした顔がやや曇った。

「ねえ、教育熱心なのはいいけど、莉奈《りな》のことも考えてあげてほしい。あのね、この前言ってた病院で診《み》てもらったんだけど、やっぱりあの子少し学習障害があるみたい。

算数とかが苦手なのは、脳の特性なんだって。莉奈は莉奈に向いた勉強法があるはずだから、あんまり追い詰めないでよ」

「学習障害？　そんなの勉強ができないやつに病名をつけただけじゃないか。莉奈のＩＱだって普通だろう」

「違うよ、脳の特性上苦手なことがある子がいるのよ。頭が悪いんじゃなくて、どうしてもできないことがあるの。莉奈、頑張って塾に行っているけど、先生からも国語や英語はできるけど、算数が苦手だって。居残りしてもどうしてもできないって、夜は部屋に引きこもって泣いてる。気づいてた？」

　そういえば夜遅く帰ってくると、子ども部屋の明かりがついていた。

「それならやっぱり頭の使い方を学んだ方がいい。方法がわかれば莉奈だってついていけるようになるだろう」

「無理だよ。あなた、あの子の算数のテストの結果見たことあるの？」

「今が一番大事な時なんだよ。物事をうまくやるには始め方が大事なんだ。そんなんじゃや、社会で上に立つ人間にはなれないよ」

「別に上に立つ人間にならなくても……莉奈は」

神川社長の口は無意識のように動いた。

「君は会社員としてしか働いてないからわからないんだ。仕事だって今はしてないんだろ？」

奥さんの顔が硬直した。その後スッと表情がなくなり、「もういい」とだけ言って部屋に戻っていく。

その後、奥さんは友人の会社を手伝うと言って、家で仕事をするようになった。自宅を空けることも多くなった。ようやく仕事の重要性をわかってきたのかと考え、子育ての時間まで奪われないならそれでいいと神川社長は思っていた。社員も増やして年単位の大型プロジェクトも何件か受注したので、妻にうるさく言われないのも都合がよかった。

奥さんは子育ても家事も何一つ手は抜かなかったが、ある時長期の海外出張から帰ってきたら、リビングに離婚届が置かれていたという。

「最後に言われたんだ。あなたはなんでもわかってる、これでいいだろうって顔をしているけど、何もわかってない。私がどう考えて何に迷っているのか知らない。だから、これからも知らなくていいって」

　早崎は何も言うことができなかった。


「二人がいなくなって、罪滅ぼしのような気持ちで園のボランティアを始めた。僕も昔から、勉強はすごくできたけど周囲の人とは馴染めなかった。今もそうだけど。だから、そういう子どもたちの手助けができたらと思ったんだ。それに、莉奈みたいな子が何に苦労しているのか知りたかった」

　そういうことだったのかと早崎は目を見開いた。

「妻に言われた時はわからなかったけれど、本当に一部の教科ができなくて、苦しんでいる子どもがたくさんいた。特定のことにしか興味が持てない子もいるし、長い時間集中できない子も。努力が足りないんじゃなかった。足りないのは周囲の大人たちの努力だった。画一的な教材を与えるんじゃなくて、得意なことを伸ばして苦手なことに対処するスキルが大事だったんだ。たくさんの子どもたちと接して、標準的な教育の限界も見えてきたんだ。ＩＴ会社の社長と相談して、そういう子どもたちに向けた教材を作ろうかって話している」

優しいんですねと早崎は言ったが、神川社長はすぐに首を振る。

「でも家族が見たら苦笑するだろうな。私たちには散々冷たくしたのにねって。今更、もう取り戻せない」

早崎は思わず声を上げた。

「そんなことありません！　確かに一度離れた関係を結び直すのは難しいかもしれません。でも今あるつながりから見直して、時間をかけてやっていくことはできます！」

本当は営業の立場であれば、ここまで立ち入ったことは言ってはいけなかったのかもしれない。それでも、早崎は神川社長に自分の思いを伝えたかった。お客様ではなく、一人の友人として。

「もちろん、どうにもならないこともあると思います。でも、これからの頑張りを見てくれている人はいます。会社のチームのみなさんとは、まだまだこれからじゃないですか」

「でも、きっと散々悪口を言われているだろう」

「仮に悪口を言われていたとしても、やり直すには今に向き合うしかありません。過ぎ去ったものではなく、今いてくれる人たちと一緒に」

早崎は神川社長に向き直る。今は真っすぐ目を見ることも怖くない。

「僕は、神川さんを尊敬しています。厳しい環境でずっと一人で頑張ってきて、見ず知らずの子どもにも熱意を持って関わることができる神川さんが好きです。神川さんが僕のことをどう思おうと、その気持ちは変わりません」


神川社長は風に吹かれながら、向こうを向いている。ここまで言ってはいけなかったのでは、という考えも頭をよぎったが、早崎はあえて訂正もごまかしもしなかった。

神川社長も無言だ。太陽が昇り、湿気として風に紛れていた水分を蒸発させ、空気が膨張するように乾いてくる。全身の汗が気持ちよく引いていくのをしばし感じていたら、背を向けた神川社長の肩が少し震えているように見えた。

「神川さん、あの……」

社長は振り向かず、声だけ清々したように言う。

「僕、やり直せるんだろうか」

「これからの新オフィス改装を皮切りに、できることからやっていきましょうよ。離れていく人もいるかもしれませんが、ひとつずつ」

神川社長は大きく伸びをした。

「オフィスの家具配置について、もう一度考えたい。デザイナーさんも呼んで検討し直せるかな？」

「もちろんです！」

「僕は正直、妻が言っていたように傲慢なところもあるのだと思う。でも自分ではそうだと気づけない。だから、どうするべきか教えてほしい。社員が自分の能力を活かして、幸せに働ける場所を作りたい。助けてほしいんだ、僕を」

早崎は勢いよく「はい！」と言った。


売れる売れないに関係なく行動する。その人のためにならなければ、商品を売らないこともあるし、他社の商品を紹介することだってある。ひたすらお客様の幸せと成功を祈るのだとヤマナシは言っていた。

遠回りしてこそ、人は他人の本質に迫れるのかもしれない。早崎は久しぶりの運動で痛む片腹をさすりながら、神川社長と一緒に隅田川の煌《きら》めきを身体中に受けていた。

＊

その二週間後、いつものカフェ。真夏の炎天を横目に、クーラーの効いた室内で二人はアイスコーヒーを口にする。

「今回の件でヤマナシさんの言っていたこと、ようやく意味がわかりました」

「え、なんだっけ？」

「お客さんのことを深く知るための問いかけ。目の前にいる人の最大の痛みは何か、どんな愛が欠乏しているのか。この人は誰から一番愛されたいのか」

早崎はヤマナシの真似をしてシロップを多めにコーヒーに入れた。暑さで疲れた体に、冷たく甘いコーヒーが心地よく染み込んでいく。

「痛みのない人がいるなんて、嘘でした。社長さんは、家族や部下から自分が受け入れられていないことに苦しんでいました。すごく屈折していましたけど」

すると、ヤマナシは鞄から何やら取り出した。透明なパックに何かお餅のようなものが並んでいる。

「なんですこれ?」

「二代目社長の愛人宅の件が、いったん落ち着きそうでね。最後のお礼にって下さったんだ」

聞くと、二代目社長には優秀な兄がいたらしい。兄が実家の家業を継ぎ、大手取引先の社長の娘と結婚する予定だった。弟の二代目社長は子どもの頃から何も期待されず、事務員にでもなるつもりだったらしい。

しかし、兄の急死によって事態は一変した。自動車事故に巻き込まれて若くして亡くなってしまったという。ポッカリ空いた次期社長の座と大手取引先との縁談をなんとか埋めなくてはならない。

「社長さんは気の優しい人だから、みんなの無言の圧力を断れなかった。当時、将来を誓い合っていた恋人と別れ、住んでいた倉庫兼自宅を出て、家を継いで、兄の婚約者と結婚して。でも奥さんだって結婚すると思っていた相手じゃないから、最初から気乗りもしていなかった。何より、社長とは名ばかりで経営の実権は表向き引退したばかりの会長が握っていたから、奥さんも従業員もそっちの言うことだけ聞く。自宅の方にお邪魔した時も、奥さんとも従業員たちとも距離があってよそよそしくてね。広ーい家の端っこにポツンと狭い自分の部屋があるだけ」

「そろそろ会社を三代目に譲ろうかという時になって、考えたんだって。自分はこのままで良いのかって。子どもも妻も従業員も、社長の座を下りたら、いよいよ離れていくだろう。自分は兄の不在を埋める存在でしかない。もうお役御免なのだから、今度こそは自分の居場所を持って、ずっと独りで生きてきた元恋人と、ひっそり暮らしたいって」

「そんな……」

最初ヤマナシから聞いた話では、身勝手な暴君というイメージだったが、それだけが真実ではなかった。自分の一面的な理解だけで、相手をわかった気になってはいけない。

「あの倉庫だった場所、なんだか二代目社長の存在そのもののような気がしてきたんだよね」

長い間放置されて、親や会社の都合のいい時だけ使われて、ケアもメンテナンスもされず荒れ果てている。

「人が住める場所にしないといけないけど、あの庭に生えていた、立派な木をただ伐って捨てるのも忍びない。どうしたもんかと考えていたら、色々使い道が見つかってね」


早崎は紙に包まれた餅をじっと見た。

「実はその木、栃《とち》の木だったんだ。調べてみたら木の幹は一枚板として家具に使えるし、何より栃の実は下処理が大変だけど、食用になるんだ」

「あの殻の実から、こんなものが作れるんですね」

「ただし、よーくアクを抜かないと、渋くてとても食べられないらしい。下処理をしている会社にお願いして、とち餅にしてもらった。ちょっと食えないものでも、諦めずに手をかければ、なんとかなるもんだ」

「共感できない価値観でも、話をよく聞けば少しは理解できるところがあるってことですね」

駅まで戻る帰り道、ヤマナシからもらった餅を食べてみる。味はふんわりとして素朴で懐かしいような味がする。早崎はその優しい味の向こうに、消えていった苦みのことを思った。

第3章の早崎メモ（お客様を愛する）

- 拒絶や失敗を怖がって、自分と近い価値観のお客様とだけ付き合っていては、できる営業マンにはなれない。
- 苦手なお客様や価値観の異なるお客様など、どんなお客様にも全力で愛を持って立ち向かっていくこと。
- お客様の心に近づくには、相手を完全受容、完全肯定すること。お客様の人生の応援団長になる。
- 自分の価値観でお客様を判断しない。お客様が大事にしているものを営業マンも大事にする。

- 完全受容、完全肯定することで、お客様の愛の欠乏と「スーパーウォンツ」が聞き出せる。
- お客様の最大の痛みは何か、誰に一番愛されたがっているのかを常に考える。
- お客様のためにならなければ、商品を売らないことも、他社の商品を紹介することもある。

第4章

営業の神様は消え、残ったのはコーヒーミルクソフトクリーム

竹崎から電話がかかってきたのは、その年の十月のことだった。

竹崎とはずっとＬＩＮＥでやり取りをしていた。どうやらマッチングアプリで出会った四人目の女の子、亜矢子《あやこ》ちゃんのことをいたく気に入ったらしく、「【急募】いい感じの店！」「【至急】女の子が喜ぶちょっとしたプレゼント」など色々な相談が来て、それに毎回ああでもない、こうでもないと話し合っていた。

うまいこと付き合えそうだという連絡が来て、しばらく音沙汰《おとさた》がなくなってからの電話だった。

「最近どうしてる？　実はお前のアパートの近くで飲んでいるから、会わないか？」

調布の指定された鶏肉をメインにした創作居酒屋の門をくぐると、そこには竹崎がいた。自分のビールと早崎の分と思われるビールが、すでにテーブルに置かれている。

「おーす！　この前も会おうぜってＬＩＮＥ送ったのにさあ」

「ごめんごめん、仕事が大変だったんだ。そっちこそ亜矢子ちゃんとうまくいってるらしいじゃん」

「ふふふ。イク様のおかげですよ。教えてもらった場所も評判良くてさ、さすが不動産屋。なんでも知ってるもんだね」とどこかくすぐったいように笑う。

「いや、ガクが順風満帆のようでよかったよ」

「でもさ、イクも最近いいことでもあったんじゃないの？　前会った時は顔色が悪かったけど、ここんところ調子良さそうだね」

「いや、それがさ……」

早崎は今の自分の仕事ぶりを竹崎に饒舌《じょうぜつ》に話した。夏ごろに初めて成約が取れて表彰されたこと、仕事の楽しさを感じるようになったこと。もしかしたら、営業は自分には向いていたのかもしれない、と言おうとすると、急に言葉に詰まってしまった。

「なんだよ、どうしたんだよ。トラブルがある感じ？」

「いや、そうじゃなくてさ。仕事は確かにうまくいっているけれど、MVPは取れてないんだ。その四半期で最も成約数を獲得した営業に贈られる賞なんだけど、このペースではとても取れそうにない。うちは中途採用の人がほとんどだけど、営業職経験者も不動産業界で働いてきた人も中にはいるんだ。その人たちに知識の量でも勤務年数でも勝てない」

営業成績はここ数ヶ月で格段に伸び、月次報告でも売り上げ未達を指摘されることはなくなった。早崎はそれならばもっと上に行きたいという気持ちを持ち始めていた。しかし、目の前には分厚い壁がそびえ立っている。

何よりその壁はどこまで高いのかも見えず、どうすれば登れるのかもわからない。言いしれない不安感だけが胸に迫る。

竹崎にはヤマナシのことは言わなかった。なんとなく言ってはいけない気がしたし、言っても伝わらないのではという恐れもあった。「応援してくれる先輩に色々教わっているから、なんとか上に行きたいんだよなあ」とだけ言っておく。

〆《しめ》の鶏のぼんじりを食べていると、竹崎はなぜかじっとこちらの顔を見ている。

「なんだよ。ガクの恋愛はともかく、仕事は最近どうなんだよ？」

「うん。今期は会社の売上高が過去最高になっていて、このまま一気にコンサル業界でシェアを取っていこうってことになってる。うちの会社、今拡大期なんだよ」

「ああ、すごいね」

そういえば別のコンサル会社を買収して傘下《さんか》にしたと、業界ニュースで見た記憶がある。

竹崎は何度か言い淀《よど》んだ後、意を決したように口を開いた。

「あのさ、お前が営業職に熱心になってる時に言うのもあれだけど、転職する気はないか？」

「え？　転職？」

「つまり、うちの会社に来る気はないかってこと」

早崎は開いた口が塞《ふさ》がらなかった。握ったビールグラスから冷たい水滴《すいてき》が手のひらをつたう。

竹崎は改めて早崎に向き直る。

「今、うちの会社は人材採用中なんだ。海外支社でも採用を増やしていて、うちの顧問をやってくれてる人も駆けずり回ってる。日本でもコンサルのポストが空いていて、初めは経験者採用を狙っていたけど、ハイクラス人材エージェントを使っても、いい人がこないんだ。それで俺、お前なら適任じゃないかって考えたんだ」

「ええ？　俺にはコンサルの経験はないよ。知ってると思うけど、営業になる前も実家の工務店をやってただけだし」

「でも、高い営業力と話術があるだろ？　うちはチームで動いているし、すぐに覚えるさ。今はすごく楽しそうだけど、前は、ほら、うちの会社が羨ましいって言ってたからさ」

そんなことを言っていたのか。その時はさぞや物欲しそうな顔をしていたに違いない。

「今の仕事がいいならそれでもいいけど、転職したくなっても不動産かハウスメーカー系か営業に限られるだろ。うちの会社に一回入っておけば、ある程度どの業界にも行けるぞ。給料だってお前ももらってるかもしれないが、うちの方が上だろ。外資だからインセンティブが多いし、お前ならうちでも稼げるよ。動くなら今だよ。俺、今ならお前を推せるから」

早崎は椅子に背を預けた。アルコールがようやく回ってきたのか、目の前がグラグラする。

もしかしたら、自分がずっと憧れていた会社に入れるかもしれない。何より若いうちに行動しておいた方がいいのは間違いない。しかし、今の自分にもようやく自信がついてきたところだったし、もっと実力を伸ばしていきたいと考えていた矢先だった。

竹崎の思わぬ誘いに心が躍ったが、今の仕事を手放していいのか。早崎の心は二つに揺れ始めた。その様子をつくづく眺めながら、竹崎は「まあ、考えておいてくれよ。部長には俺から紹介したい人がいるって話しておくからさ」

早崎はさして飲んでいないにもかかわらず、悪酔いしたようにガンガンと痛む頭をさすりながら店を出た。

＊

次の水曜日に早崎の足はいつものカフェチェーン店に向かった。ヤマナシに会ったら言うことはすでに決まっていた。ドアを開け、カウンター席に座っているヤマナシの姿を見つけて、横の空いている席――ヤマナシはいつも早崎のために隣の席を取っておいてくれた――に座って一気に話す。

「聞いてください、ヤマナシさん！　コンサルに誘われたんです！　どうしたらいいんだろう。僕、ようやく営業に向いていると思えてきましたけど、トップになれるかどうかには不安もあって。自分がもっと上に行けるなら、やっぱりこの仕事を続けたい。でもここまでにしかなれないなら、コンサルの引き合いを受けようか、なんて迷ってしまって……」

そして一番聞きたかったことを聞く。「僕はトップセールスマンになれるでしょうか？　どうしたら、僕でもトップセールスマンになれますか？」と。

ドアを開けたら、そのままの勢いで言うつもりで店内に入った。しかし、カウンター席には誰もいない。店内を見回しても、姿が見えない。

前の打ち合わせが長引いているのかもしれないと、ひとまず注文して席に座る。しかし、一時間待っても姿を現さない。こんなことは初めてだった。確かこの前は別のお客様の相談をして……そういえば夏ごろに「出張するかもしれない」と言っていたような気がする。

出張の週と被ってしまったのだろうか。

しかし、次の週もヤマナシは姿を見せなかった。

時計の分針が半を指すと早崎の心に初めて焦りが浮かぶ。ヤマナシに洗いざらい話して、どうしたらいいか聞きたかった。そしていつもの調子で「大丈夫だ」と言ってほしかった。

奇妙なことだが、会うことは互いに約束していなかった。いつもいてくれるものだと思っていたからだ。こんなことなら連絡先ぐらい交換しておくべきだったと、今さらながら後悔する。

とりあえず、Ｆａｃｅｂｏｏｋで探そうと思ったが、下の名前を聞いていないので検索しようがない。名刺はもらっていないし、勤めている会社の名前も聞いていない。ヤマナシという名字だけ知っているが、何を扱う人なのかも知らなかった。会っていた会社の社長の取引先なのだから、その線でどういった業種が考えられそうか検討したが、なかなか判然としない。

どうしたものかと、ひとまず店を出ることにする。店のガラス戸から出て行こうとした時、ある会話を思い出した。

それはこのドアが最初に開いた時の記憶。確か、ヤマナシはお客さんの社長と何か話しながら入ってきたのだ。そう、変な騒がしい人が入ってきたと思って思わず聞き耳を立ててしまった時だ。あの時、確か二人は……。

あの社長は、最初に何か言っていなかったか。確か、いつもの喫茶店とは違うという話を大げさにして、ナントカ社長は今日は来ないのかと言っていた気がする。

確かハルなんちゃらと言っていなかったっけ？　ハルだったら、春か晴か。正確な名前はわからないが、春か晴を手がかりに調べてみれば何かわかるかもしれない。店の入り口横に移動してスマホで「春　社長」と「晴　社長」で検索をしてみる。範囲は東京と神奈川、千葉で絞る。

すると、いくつかヒット。もしかしたら見つかるかもと思ったが、すぐに気がつく。思いのほか、それらしき社長がたくさんいる。しかも、いすぎる。

食品加工業、カスタマーサクセス派遣会社、研修会社、運送、コンサル……住所がこの近くの会社がそれかもしれない、と一瞬勢いづくが、この周辺の会社であるとは限らないではないか。

こんなことならせめて何を扱う会社なのかぐらい、聞いておけばよかった。一縷《いちる》の望みを託して会社概要に「山梨」の名字を探すが、全く見つからない。

ヤマナシがどんな商材を扱う会社にいるのか、何かヒントがないかと記憶の底を探ってみる。しかし、それを匂わすものは何も思い出せない。ノートを全部見直したが、ヤマナシの身元を特定できるような情報は何も書かれていない。
鮮明に思い出せるのはヤマナシが教えてくれたことと、むしゃむしゃ食べていた数々の甘味と、あとは最初の強烈なインパクトだけ……と考えた時にふと気づく。いつもの喫茶店とは違う、と相手の社長は言っていたではないか？　ということは、二人が行く「いつもの喫茶店」がこの近くにあって、なんらかの事情でその時は入れなかったということだ。

周辺の喫茶店を検索してみると、ビジネス街だけあって二人が好みそうな古い喫茶や打ち合わせにもってこいのカフェはいくつかあるようだ。どこなのか判然としないが、とりあえず一つ目の喫茶店に行ってみる。
この辺りでは珍しい個人経営の喫茶店だ。クラッシックな店内なので、もしかしたら、気に入りそうな場所かもしれない。

そっと店のドアを開けて店内を見回す。しかし当然ながらヤマナシの姿はない。のんびりひと休みしているサラリーマンと、無言でパソコンのキーボードを打ち続ける男性だけ。

やはり通っていた店から足跡をたどろうなんて無理があったのだ。藁《わら》にもすがる思いで来たはいいが、そんなに首尾よくいくわけがない。何より、何が見つかるというのだろう。


ドアを開けて店を出ようとすると、扉に貼ってある古びたポスターが目に入る。「日本橋さくら祭」と書かれている。色の褪《あ》せたこの絵柄は桜の模様だろうか。ヤマナシと最初に会ったのは桜の季節で、確か三月の――。

ポスターの左下には小さくこう書かれている。

「三月三十日はイベント出店のため、一部のお店は通常営業とは異なります」

イベントに出店していて、この辺の喫茶店に該当するのは、ひと駅隣にある一店舗しかなかった。


その喫茶店は古くからやっているらしく、レトロなスタイルが特徴の店だった。若いお客さんが来るような感じもなく落ち着いている。店内には常連らしき客が新聞を広げている他は、マスターが一人。年齢と佇《たたず》まいから、ここでずっと働いてきたような感じがする。

メニューを開くと、名物はコーヒー豆を使ったソフトクリームだというので、バニラとのダブルになった、コーヒーミルクソフトクリームを注文した。ヤマナシが来ていたのがここなのか確信が持てなかったが、いったんここに座って頭を整理しよう。

椅子に大きく背を預けた時に、背中に何か硬いものが当たる。振り向くと、ブックシェルフが置かれている。オーナーの趣味なのか書籍がずらりと並ぶ。

なんとなく「本、見てもいいですか?」と聞くと、「どうぞ」と入り口付近からそっけない返事が返ってくる。

古い村上龍の小説の文庫本や、昔貸してもらった本があるのを見つけて思わず懐かしくなる。こんなの持ってたよなと手を伸ばすと、ふと、その横にある本が目に留まる。これだけは表紙に何もデザインされていないし、出版社名も著者の名前も書かれていない。

中を見ると、Ｗｏｒｄか何かの文章ソフトで書かれた文章を紐で綴《つづ》ってあるだけだ。

なんだろう？　と最初のページを開くと、そこにはこう書いてあった。

「すべての営業は愛のセールスである」

思わず、誰かに見られていないかと周囲を窺うが、店主からは死角だし、常連客は相変わらず新聞を読んでいる。誰にも見られていないことを確認してから、はやる胸の鼓動を抑えながら先へとページをめくる。

「お客様と一番の友達になること」

「電話やメールをしている時は、そのお客様のことだけ考える」

どれもヤマナシが早崎に教えてきたことだった。書かれていることが、早崎の取ってきたノートの内容とあまりにも酷似《こくじ》している。ヤマナシはこれを参考に教えていたのだろうか。

パラパラとめくり続けると最後の方のページだけ、折り目がついている。開くと、そこにはこう書いてあった。

「成功したいなら、自分を愛しなさい」

席を立ち、マスターに話しかける。

「あの、ここの本って……」

「ああ、あとで返してくれればいいよ」

「え、借りられるんですか？」

「常連さんが寄贈してくれたものだから。みんな好きに借りていくよ」

「あ、ありがとうございます！」と言って、この本を借りていくことにする。席を立つ前に溶けかけたソフトクリームを一気に頬張ると、フルーティーなコーヒー豆の香りが濃厚なミルクとともに口の中に広がりスッと消えていく。もっと味わいたかったが、今はそれどころではない。

この本はヤマナシの本なのだろうか？　もっと話を聞いておけばよかった。もっと打ち解けておけば――。しかし今はもうこの本しか手がかりがない。移動中の電車内で本を開くと、よく見ると鉛筆でメモが色々と手書きしてある。ミミズがぬたくったようなひどい字だったが、かろうじて「ここはもっと強調する」とか「例を出す、絵を描く!!」と読み解ける。

これは絶対にヤマナシのものだろう。これを見ながら早崎に指導していたのかと思うと、少し微笑ましくもあった。

途中までは、そうそうこんなこともあったと懐かしみながら読んだが、最後に教えてもらったことが書かれているページから、まだ何枚かページが残っている。それは先ほど見つけたページが折られている部分だった。

そのページにはこう書いてある。

- 成功したいなら、自分を愛しなさい。
- ペンとノートを用意し、ノートに親に対する不満をできるだけ多く書き出すこと。

仕事を終え、自宅でひとり、机の前であの本を見返す。そこには「親に対する不満をできるだけ書け」とある。早崎はペンを取って、やってみることにした。全く意味はわからなかったが、とにかくやるべきだと思った。ヤマナシからの最後の指令のような気もしたから。

*

しかし、親への不満とはなんだろう?

そもそも、自分を愛することと、親への不満はどう関係するのだろうか。釈然としないまま、とりあえず両親のことを思い出してみる。

父と母は宮城県の実家で暮らしている。父親は心臓を悪くして入退院を繰り返し、その関係で家業は廃業した。

離れて暮らしているので気にかけている存在ではあったが、具体的に思うところはない。書き始めてみたものの、どちらかというと心配だとか迷惑をかけずにやっていきたいとか、そんなことばかりになった。二人に心配をかけずに東京で自立したい。

それが、そもそも外資系の一流企業に入社したいと思ったきっかけでもあった。

田舎にいて何も持っていなかった自分が、みんなが入りたがっている企業に入社することで、何者かになれるような気がしていたのだ。竹崎が入社できたのであれば、自分にもチャンスがあったのかもしれない。少なくとも面接にはたどり着けたのではないか。


しかし、現実はそうはならなかった。父親が倒れたから、誰かが代わりにならなくてはいけない。学費は一人分を出すだけでもギリギリで、弟は勉強が好きで凝り性だったが、あまり社交的でもないため、到底仕事は任せられない。

だから、自分から手伝うと言った。自分がやるしかなかったからだ、と書いたが、そこで手が止まってしまう。その先を書き進めることができない。

自分がやるしかなかったと書いたが、言わされたのだという気持ちもあったのではないだろうか。自分で選択したように見えて、「郁之にどうにかしてもらいたい」という両親の心中を察して言ってしまっただけではないか。そうだ、「言わされた」んだ。そう気づいた時、ペンを握る手に思わず力が入る。

思えば、自分はいつもそうだった。弟はのほほんと大学に通い自分の人生を生きているのに、自分はそれを奪われてしまった。大学を中退してまで助けに入ったのに、すぐに工務店は廃業してしまった。父さんはなぜあのタイミングで倒れたのだろう、なぜ自分だけがこんな目に遭ってきたのだろう、何より父さんに対して母さんはなぜ強く出なかったんだろう、最後だけ「自分の人生を生きろ」なんてひどいじゃないか……勢いに任せて書き殴っていると、堰《せき》を切ったようにどろどろと不満が出てきた。

ペンはある単語で止まる。それは「悔しい」という言葉だった。

自分の就職を思ったようにできなかったことも、第一希望の会社に入れなかったことも悔しいが、ずっと自分は悔しい思いをしてきたように思う。

自分は弟の達之より可愛がられていない。父さんは達之の教育には熱心だったが、兄の自分のことはずっと放任していた。そして、都合が悪くなったら俺を犠牲にするように差し向けた。だから新卒カードを失って、就活も苦労したんじゃないか。同じ大学だったら有名企業に就職したやつもいるのに、なぜ自分だけが……。早崎の心にはジリジリした怒りが生じていた。

書き終わると、なんだか体の中に溜まっていた毒のようなものがドッと出たようだ。深く息を吐き、ページをめくると、次のページにはこう書いてある。

- 親からしてもらったこと、親にしてあげたこと、迷惑をかけたことを書き出すこと。

これはいったいなんだろう？ これまで書いてきたことで、早崎はすっかり自分が被害者であるような気分になっていた。

ひとまず、渋々という感じで、してもらったことを思い出す。まずは学費。途中までになったが、それまでは学費と生活費を出してもらっていた。

達之の学費や生活費もかかっていたから、火の車だった家計を考えれば結構な出費だったのではないだろうか。母さんも倹約家なのに、あの時は気前よく出してくれたものだった。

そういえば、高校の頃には東北を出ることに親戚は反対していた気がする。正月の集まりの時に県外に出ると言うと、親戚のおじさんは「金がかかってしょうがない。県内に行け。それかとんぺー（東北大学）」と強く言っていたではないか。それを振り切って都会の可能性にかけてくれたのは、母さんの意志の強さだった。父さんも、自分の気持ちを非難せずに受け止めてくれた。

大学では学費の捻出のためにバイトに明け暮れ、学校生活がおろそかになりがちな人も少なくないのに、自分は楽しむことができた……。父さんも母さんも、本当は自分のために身を粉にしてきてくれたのだ。

それを実感したのは大学生の時だけではない。もっと昔もそうだった。母さんはおじいちゃんの介護が始まって朝から晩まで忙しかった時期も、中学生の時は弁当を用意してくれていた。自分も大変なのに、愚痴はこぼさなかった。父さんには文句を言っていたらしいが、自分には直接言われていない。

早崎が大学一年生で虫垂炎《ちゅうすいえん》になり入院が必要になった時も、忙しいのにわざわざ新幹線で駆けつけてくれた。

父さんだって心臓を悪くして倒れた時に、思えば、実家に帰ってこい、家業を手伝えと言いたかったに違いない。それでも決して戻ってこいとは口にしなかった。倒れるまではずっと仕事人間で、そのおかげで零細企業ながら大学まで行かせてもらえたのだ。

父と母にしてもらったことをひとつひとつ書き出していくと、ノートはほとんど埋まってしまった。書き上げた文章の量に圧倒され、目が覚めた。こんなにも多くのことをしてくれていたじゃないか。

それなのに、自分は二人にさして何もしていない。早崎はありがたさと申し訳なさに襲われた。

その次のページをめくると、三番目の指令が書いてある。これでノートは終わりのようだ。最後のメッセージはこう書いてあった。

- 親に「ごめんなさい」と「ありがとう」を伝えなさい。

＊

金曜日の夜一八時四〇分、東京駅のホームでしばらく待っていると、到着したやまびこ号から次々と人が降りてくる。その中に古ぼけた黄色いコートを着た人物がいた。それを見つけると早崎は駆け寄った。

「母さん、予定より早く来られたんだね」

近寄ってきた人物が早崎だとわかると、母はどこかおどけたように言う。

「はあー、東京はまだまだあったかいわね」

「そうだね、東京に来てから忘れてたけど、こっちはずっと暖かいよ」と言いながら、母の手荷物を預かる。先週、母に今年の年末は長い期間実家にいられないかもしれないというと、「じゃあ東京見物にでも私がそっちに行くわ」と東京に来ることになったのだ。

東京で母と並んで歩いているのは、何だか変な気分だ。京王線の電車の座席に並んで乗ると、向こうの窓ガラスに自分と母が映っている。隣に座る母は、昔より少し小さくなり、記憶よりももっと年を取ったような気がした。

どこか有名な店に入ろうかと誘ったが、簡単でいいと言うので、駅前のうどん屋で晩飯を済ませることにする。

湯気に目を細め、運ばれてきた温かいきつねうどんを啜りながら母が言う。

「東京で就職するって決めてどうなることかと思ったけど、元気そうやないの」

早崎は自分の天ぷらうどんに手をつけながら、話し始めた。今やっている仕事のこと、営業の仕事が自分に向いていると思えてきたこと。最近は夕ご飯はもっぱら外食で済ませていることについては叱《しか》られたが、表彰を受けたと言うと驚いていた。

「東京に行ってすぐの頃は、電話の声が暗いからさあ、どうしてるのか心配しちゃった。でも今は大丈夫なんやね」と言いながら、無料の天かすに手を伸ばす。

母には助けてくれる人がいたとはなぜか言えなかった。言ったら、今はいないことがかえって思い出される。

「そっちの生活はどう？　父さんは元気にしている？」

「ああ、もう今まで通りよ。検査入院も済んだから、しばらくは入院せずに済みそうよ。でも年だから、また腰やっちゃってね。ぶつぶつ文句言いながら接骨院に通ってる。趣味だった将棋も再開して、教室で教えたりもしてるんだから」

「そっか」

自分がいなくても世界はちゃんと回っていく。当たり前のことだが、少しショックを受けた。

母はうどんを食べ終わると几帳面《きちょうめん》に割箸を袋に戻しながら言う。

「だからね、あんたは心配せんでええよ。お父さんとなんとか、こっちはこっちでやってるからさ」

「でも父さんの事業、継げなかったの後悔してるよ。もうちょっと何とかできなかったのかって」

工務店は両親の二人三脚で、林業で地域の暮らしを守っていこうとしていた祖父の遺志を継いで始めた仕事だ。自分一人がそこから離れることを、心の片隅で申し訳なく思っていた。

「母さんも父さんも、俺が東京に行く時に反対しなかったし、お金だって出してくれた。だからすごく感謝してるよ。こんなに大事にしてもらっていたのに、俺はって……」

お手拭きで手を拭いていた母は、早崎の告白に目を丸くする。

「あんた、急に何言ってるんよ」

「俺がうまくできなかったんだと思う。もっとちゃんと取引先のことも調べて進めるべきだったんだ。契約書の内容とか……できることもあったのに」

母は何か珍しいものを眺めるように目を細めた後、荷物の入った手提げを自分の膝にちゃんと置いた。

「実はね、元々お父さんとはいずれ店を畳もうって話していたんよ。そりゃ周りの人は反対したけど、これから田舎町では仕事に限界があるんだから、これで終わりって。元々お父さんは、おじいちゃんのこの街を復興したいって気持ちを継いでここまでやってきたからさ。もう大方役目は終わったんだよ。あんたが戻って継いでも縮小していくのは目に見えていたんだ。あともう数年後にはと思っていたら、お父さんが急に倒れたから、色々予定が狂っちゃって」

「そんな……でも」

「だから、あんたには悪いことしたと思ってる。いっときの立て直しのために、あんたの時間を無駄にさせちゃった。それでいよいよあの社員寮の仕事がなくなるってわかった時に、ああ、もう今が辞め時なんだってわかった。だから、もうここで辞めようって決めたんだ。お父さんだって、郁之は郁之の道を行ってほしいと思ってるよ。あんたの言葉に甘えた私たちが悪かった」


いつの間にか、早崎の肩に載っていた、自分の行きたい会社に行く夢を潰されたという思いと、家業を潰してしまった罪悪感が、母の言葉のひとつひとつですっと消えていく。それでも残った底意地の悪さが出口を求めて勝手に口をついて出てくる。

「でも、弟の達之には何も言わなかったよね。俺が戻ってくるのが当然だと思ってたんじゃないの？　そうだよね。達之にはみんな優しかった」

一度口から出たドス黒い思いは、吐き出すのをずっと待っていたかのように止まらない。

「父さんは俺より達之の方が可愛いと思っていたんだ。自分は大事にされていたと思えない」

「達之は、お父さんから厳しく育てられとったよ」

「嘘だ」

「ううん、お父さんはおじいちゃんの遺志を継いで工務店やってたけど、本当は医者とか薬剤師になりたかったんだって。ほら、親戚のおじさんは医者だったから、ずっと羨ましかったらしくてね。でもお父さん、言っちゃ悪いけど、そんな頭ないじゃない？　でもその夢が諦められないから、数学の出来が良かった達之は適任ってことになって、お前は医者か薬剤師になれってずっと発破《はっぱ》かけられてたんよ」

そういえば弟はずっと父とベッタリ一緒だった気がする。子どもの頃から塾に忙しく通っていたのを朧《おぼろ》げに覚えている。

「まあ、達之も今はそれでいいって顔してるけど、子どもの頃は大変やったよ。塾に通うために大好きな野球チームは辞めさせられて、よく泣きながら塾に通っていたし。もう勉強は嫌だ、遊びたいってよくごねていたもの」

達之は教育にお金を余計にかけてもらって呑気《のんき》にやっているんだと思っていたが、そうだったのか。何も話を聞いてやらなかったことを申し訳なく思った。

母親は椅子に軽く座り直し、早崎に向き直る。

「お父さんは、あんたのことすごく大事にしていたよ。あんたが生まれた時は飛び上がって喜んじゃって、歩けるようになったら、どこに行くにもあんたを車に乗っけて連れ回してさあ。子連れ狼だとか近所で言われて、有名だったんだから」

確かに小さい頃は父の車によく乗せられていた気がする。窓ガラスの向こうに映る北国の風景。車のシートの匂い。運転する父の後ろ姿。

「で、連れ回したはいいけど、ある時あんたが高熱出しちゃってさ。郊外のお客さんのとこに行った帰りだったから、どうしようってすごく焦って。救急車も来るのに時間がかかるって聞いたら、もう車すっ飛ばして。宮城の大学病院に突撃したんだから」

そんな話を昔、親戚の集まりか何かで聞いた気がする。その当時の記憶はないが、その時の感覚を覚えている気がした。熱い大きな腕に抱えられて、揺さぶられた記憶。

「子煩悩パパって言われてたんだから。今もそうよ」

「今も？」

「俺の息子は東京ですごい仕事に就いてるって言って回って、もう親ばか丸出しで恥ずかしいくらいよ」

あの寡黙な父が、自分の知らないところでそんなふうに俺のことを自慢しているだなんて……。自分の中の父のイメージとうまく重ならない。背中を向けて一人で黙々と作業をして、一人でなんでも決める父。自分とはいつもほんの少し距離があるような気がしていた。しかし、自分は知らないところで勝手に、そして存分に愛されていたのか……早崎の思いはぐるぐると体の中を駆け巡る。

「あんたには申し訳ないことしたと思ってるよ。いったんは関西の大学に行ったのに、こっちに戻ってきてもらって。確かにあの時はおじいちゃんの介護もあったから人手が足りなかったし、本当はあんたにそばにいてほしい気持ちもあった。でも引き止めちゃダメだったんだよね。お父さんもそうだけど、私も後悔してるし、申し訳ないと思ってる。だからこそ、会社は畳むことにしたんだ。これ以上頑張ってたら、あんたの人生を犠牲にしちゃう。好意に甘えてずるずるしてちゃダメだ、畳むなら今だって、二人で考えたんだ。あんたは、あんたの人生を好きに生きていいから。こっちのことは気にしないでさ」

返す言葉がなかった。俺は今まで何を見てきたのだろう？　今までずっと自分は被害者だと思っていた。達之にばかり親の愛情が向き、貴重な大学時代を家業にあてて無駄にして、一人で東京に追い出されたという変な自負があった。

それを糧にして一生懸命頑張ってきた。でもその反面、自分のことばかり考えていたのではないか。父や母の思いや、その背景にある思いに全く気づくことができなかった。一年前まで側で暮らしていたのに。今まで頼りにしていた、「自分は一人で頑張ってきた」というプライドが妙に恥ずかしく、情けなかった。

「母さん、俺……」

その時、ふいに母のスマホが鳴った。母は画面を確認した後、電話に出る。

「あ、お父さん？　東京には着いたよ。今、郁之と合流してご飯食べてる。え、法事の準備？　ああだから、明後日の昼には帰るからさ。うんうん。それじゃね」

「母さん、ちょっと待って」

自分でも思いがけず声が出た。

「父さんでしょ？　電話代わってくれる？」


母はあら珍しいわね、と言って口を尖《とが》らせながらスマホを渡す。早崎は店の騒音から離れようと、入り口近くに移動する。深呼吸してからスマホを耳に当てる。


「あー、もしもし？　これ、聞こえとるんか？」

「聞こえてるよ。場所を移動したんだ。久しぶり。元気？」

「郁之か、ああ元気だ。お前はどうだ？」

「うん、元気にやってる。そういえば、腰を痛めたって聞いたけど」

「ああ、庭の剪定《せんてい》してたらな、熱中してまたぎっくり腰になってな。ま、湿布貼ってりゃなんとかなるから」と、父が言うと、後ろで何やら子どもの声がする。

「シゲじい、はよ矢倉教えてよ」

父がスマホの近くで返答している。

「ああ、それはな、シゲじいのとっておきだからな。電話が終わったら教えてあげっから」

「もしもし？　ごめんな」

「父さん、今どこにいるん？　母さんから将棋教室で教えてるって聞いたけど」

父はどこか恥ずかしそうに言う。

「ああ、ま、ボランティアでな。しかし久しぶりに将棋してるから、腕がなまっとるな」

郁之もほどほどにな、と言って電話を切ろうとする。その時、早崎の脳裏に最後のヤマナシのメッセージが浮かんだ。

「親に『ごめんなさい』と『ありがとう』を伝えなさい」

胸に息を吸い込み、口を開く。カラカラの口の中を唾を飲み込んで潤す。

「父さん、あのさ、父さんの会社を潰してしまって……本当にごめん。俺が力不足なばっかりに、おじいちゃんから継いだ会社を……」

口元が震えるが、なんとか笑顔にして明るい声を出そうとする。

「俺、小さい頃から父さんの建てる家が誇りだったんだ。綺麗で、格好よくて、お客さんはみんな幸せそうで。だから、罪滅ぼしにもならないけど、今、父さんみたいにお客さんに喜ばれる家を届けたいって思って頑張ってる。それに、父さんと母さんには、いつも支えてもらって……、そういうこと含めて、ちゃんと感謝を伝えなきゃって思ってる。だから、ありがとう」

そこから先は言葉が続かなかった。電話の向こうの父は無言だ。微かな息遣い。さすがにしどろもどろすぎたかと後悔が頭をよぎる。

しばらくすると、電話の向こうから何やら音が聞こえる。電波が悪いのかと一瞬思ったが、それが父の震える息遣いだと気づく。もしかして父が、泣いてる?

息遣いは次第に大きくなり、確かな嗚咽《おえつ》になった。早崎はこれまで父が泣くのを一度も見たことがなかった。父は言葉に詰まりながら言葉を絞り出す。

「謝らなきゃいけないのは俺の方だ。俺は仕事ばかりで良い父親じゃなかった。二人とも大学まで行かせるって決めたのに、倒れちまって、お前には迷惑をかけたな。お前も東京で仕事探しをするにも大変だったろうし、今も一人で苦労しているかもしれない。でも俺は今はこの体だ。何かしてやりたくても、何も手助けしてやれない。許してくれ……」

早崎の目からコロリと涙が一粒流れた。

「そんなことないよ、父さん。俺、今、いい仕事見つけて頑張ってるから、安心して。俺、父さんと母さんの子で本当に良かったと思ってるよ。ありがとう」

すると、背後で再び子どもの声。

「ねぇーシゲじい。なんで泣いてるのー？」

「これはな、泣いてるんじゃないんだ。大人は目から汗が出るんだ」

じゃあなと言って電話は切れた。

切ったばかりのスマホはずっしりと温かい。胸の奥に固まっていた、つかえのようなものが消えて、なんだか清々しい。席に戻ると、母の目はなぜだか真っ赤だった。

あ、これ、盗み聞きしていたな。

＊

うどん屋を出た後、頬を刺すような冷たい北風が吹きつけてくる。凍えるような冷たさだが、なぜか心は温かいものが流れていた。

「やっぱり東京でも夜は冷えるわね、早く帰ろうよ。明日の朝にあんたの好きなスープ作ったげるからさ」

ヤマナシの指令を実行してから、仕事はさらに順調になった。営業のスタイル自体は何も変えていないのだが、以前よりもさらにお客様とのやり取りがスムーズになった。今までに内心感じていたような気張った感じ、自分をよりよく見せようという堅苦しさがなくなり、それがお客様に伝わっているようで、成約数も順調に伸びていった。このペースなら、次のMVPは取れるかもしれない。

杉山さんと再び会ったのは施工後のこと。ようやくリフォームが完成したので、ぜひ見に来てほしいと誘われたのだ。

三軒茶屋の古めかしい建物の二階に上がると、そこには外見からは想像もできないような空間が広がっていた。あめ色の木材で構成された床、メインルームにはたくさんのレコードとギターが飾られていて、まるで何かのお店のようだ。

「すごくいいお部屋ですね！　杉山さんのこだわりが出ていて」

「いいでしょう？　どうせなら思いっきり好きな部屋にしたいと思って」

部屋を眺める杉山さんの表情は柔らかい。

「杉山さん、この物件を買ってからとてもいいお顔になりましたね」と何気なく言うと「早崎さんもじゃないですか」と言われる。

部屋に置いてある鏡を覗《のぞ》くと、そこに映る自分は、確かに今までの自分とは違うような気がした。何より、自分にも自分の仕事にも、心から好きだと自信を持って言えるようになった。

どんな場所にいても、自分は自分だという確固とした思いでやれるだろう。それならば――。

オフィスに戻る電車の中で、ヤマナシから受け取った本をつくづくと見ていると、ふと表紙のカバーの間に何かが挟まっていることに気づく。何かノートの切れ端のようだ。中には鉛筆で書かれたお世辞にも綺麗とは言えない字でこう書かれている。

早崎君へ。少し事情があって東京をしばらく離れることになった。色々と気がかりだったから何か伝えようかとも思ったけど、君が一人でやっていくことを妨害したくなかった。だから、この本を残した。この前、餅を渡した時にメモも一緒に渡したから、ちゃんとたどり着けただろう。

もしくは、読まなくてもきっと君ならうまくやるだろうと信じている。「最後の宿題」の意味、君ならきっとわかっただろう。

君は前、家業がうまくいかなくて、東京で入れそうな会社に入ったと言っていたね。せっかく入った会社だし、自分の人生がうまくいっていなかったことを、なんとか挽回したいと思っていた。同時に、自分は被害者で、家族から大切にされなかったとも思っていたんじゃないかな？　でも、こうして振り返って見ると、君の人生は多くの人に支えられていたことがわかるだろう。君は十分愛されていた。

もう足りないものを補おうと頑張る必要はないんだ。君はそのままで成功するに相応《ふさわ》しい人間だ。君なら必ず目標を達成することができる。人は自分を愛する以上に人を愛することはできないんだ。自分を受容する以上に人を受容することはできないからね。だから、自分のことを愛することができる人は、人のことも愛することができる。そして、人を愛し、人の幸せを心から願うことができる人だけが、そのすぐ隣にある成功にたどり着けるんだ。どうか、あるがままの自分を愛してください。君はどこに行っても、ちゃんとやっていける。大丈夫だ。

早崎は笑った。メモなんてもらっていない。餅に気を取られて渡すのを忘れたに違いない。忘れた頃に鞄の底からくしゃくしゃのメモの切れ端が出てきて、さぞや焦ったことだろう。

軽く一人で笑った後、その笑いの消えないうちに独りごちる。「大丈夫だ」と。

＊

夜、竹崎との電話。

「お前、本当にそれでいいのかよ。もうこれ以上ないチャンスなんだぞ」

早崎は電話に向かって言葉をかける。

「でも、営業は僕にとって天職だと思うんだ。良い誘いをありがとう。よくよく悩んだけど、本当にしたいことがもう見つかったからさ」

竹崎は早崎の声の調子から何かを悟ったのか、もったいないけどな、とは言ったがそれ以上は何も言わなかった。

「転職する気になったら言ってくれよな！」


年が変わると、毎月の報告会で名前が発表されるのも当たり前になっていた。そろそろ後輩をつけようかという話も出ている。

春には、会社で久しぶりに人事異動があった。社長がマネージャーを他社から直接引っ張ってきたという。なんでも元々は凄腕《すごうで》の営業マンらしいと上司の森山さんが嬉しそうに言う。

「他の企業の営業代行や指導もしている人なんだ。早崎君もきっと学べるよ。そりゃもう、ただ話しているだけでポンポン話が決まっちゃうんだよ。雑談しているだけなのにね」

妙に胸がどきりとした。

マネージャーが入社してきた日、早崎はその人の部屋に呼ばれた。案内された個室のドアを開けてノックして入ると、窓を眺めている人物がいた。日の光が眩しく、逆光でよく顔が見えない。早崎はなぜか心がはやる。

「あの……」と話しかけると、振り向いた男は、髪をツーブロックにした頭の良さそうなビジネスパーソンだった。何かスポーツでもしていたのか、体つきもガッチリしている。

「社長や森山さんから聞いたよ。君、この部のエースなんだってね。これからよろしくね」と手を差し出す。

その手を握りながら、早崎はなぜだろう、少しがっかりしていた。

第4章の早崎メモ（自分を愛する）

- 成功したいなら自分を愛しなさい。
- まず、親に対する不満をできるだけ書き出すこと。
- 次に、親からしてもらったこと、親にしてあげたこと、迷惑をかけたことを書き出すこと。
- そして、親に心から「ごめんなさい」と「ありがとう」を伝えなさい。
- 成功するためには、自分を愛すること。全力で心から自分を愛することができれば、成功はすぐ隣にある。

エピローグ

営業の神様、ふたたび

早崎は部下を連れて日本橋を歩いていた。昼の商談が終わり、一服しようとカフェへ入った。

「早崎さん、いつもこの店ですね。近くにもっといいカフェもあるのに」

「そうだね。でも、使い勝手がいいからさ。つい、ね」

「今日の内覧も成約が取れそうですね。それにしても、このペースなら次も早崎さんがＭＶＰ確実だと思います。そしたら三年連続じゃないですか。表彰会には誰か呼ぶんですか？」

「ああ、うち両親は遠くに住んでいるから……弟も地元で就職してるし」

もし今の自分の姿を見せるなら、候補は一人いた。でもそれは、叶わぬ願いだろう。

部下が飲み物を注文しに席を立っている間、お手洗いに行く。すると、店の端では

セールスをしていると思しき若い営業マンと、そのお客さんを見かけた。

「弊社の製品の優れているところはこの二点です……それは……」

どこかで見たような話しぶりで、早崎は少し苦笑する。

お客さんが立ち去ったところで、早崎はその営業マンに近づく。そして、思い切っ

て頭をグリグリと押し付けてみる。

「わ！　なんなんですか？　あんた」

「いやね、君から営業をしたいって気持ちが感じられなくて」

「はあ？」

「営業は愛だよ。相手に対して興味を持つんだ」

すると、入り口付近で飲み物を持った部下がキョロキョロと早崎を探した後、こち

らに気づいて近寄ってくる。営業マンは何か変な人に会ったという感じで立ち去ろう

としたので、早崎は呼びかける。

「僕はハヤサキ。きっと君はまたこのカフェに来るよ。その時に話そう」

部下が怪訝そうな顔で聞く。

「早崎さん、お知り合いですか？」

「ううん。今はね」と言って笑った。

ヤマナシも、かつての自分を見かけた気がして声をかけてきたのだろうか。なんだか愉快な気分になってタクシーに乗り込む。


ＬＩＮＥの連絡が入る。お客様かと思ったら、竹崎からの電話だった。

「お前今、どこにいる？　出られるか？」

「え？　大手町《おおてまち》だけど」

「じゃあ、二重橋《にじゅうばし》前まで来られるか。今さあ、うちの顧問が日本に来ているんだ」

「はあ」

「で、お前に会いたいんだってさ。せっかくうちという大会社から誘われたのに断った、気骨のある営業マンなら、ぜひ会ってみたいって」

「はあ？　やだよ。そんなとこ行くの」

「まあそう言うなよ。会ったら拍子抜けすると思うぜ。シェアオフィスに来ているからさ」

「えー」

早崎は嫌々ながら部下と別れ、指定された場所に向かった。どんな嫌みを言われるかわからない。


シェアオフィスのフロアに到着すると、竹崎は心なしか嬉しそうだ。

「よく来てくれた。向こうの部屋だよ」とフロア奥を指さす。部屋の前には「月見里」というネームプレートが飾られている。

「つき・みさと、なんて、宝塚みたいな名前だなあ」と言うと、竹崎はなぜか楽しそうに笑った。

「みんなそう思うよね」

ノックに返事があった後、失礼しますと言ってドアを開ける。机の上には誰にもらったのか、大量のゴディバのチョコが置いてあった。そして豪勢なネームプレートが置いてある。何気なくその名前に目を滑らせる。

「月見里修二、Shuji Yamanashi」

あっと思った瞬間にその人物はくるりと椅子をこちらに向けて笑う。早崎は目を見張った。

「だから、大丈夫だって言ったろう？」

おわりに

「こんなに頑張っているのに、なんで人生がうまくいかないのだろう？」
「もっと才能や人より優れた能力があれば、こんな苦労をしなくて済んだのに……」
「人生お先真っ暗、この先どうなってしまうんだろう？」

そう思いながら、よく自分を腐《くさ》していました。

今から二十数年前のこと。三十一歳になったばかりの私は、居酒屋に住み込みで働いていました。手取りはたったの十四万。居酒屋のまかないと残飯でなんとか食いつないでいました。

極貧の暮らしを強いられていたのは、数千万円の借金があったためです。なんとかのし上がってやろうと自分で始めたビジネスでは、大失敗。

さらに他人のうまい言葉に騙《だま》されて、法律のこともよく知らずに他人の借金の連帯保証人になったのが運の尽き。

汗水たらして稼いだわずかな金は、借金の返済日がやってくると掠《かす》め取られるように消えていきました。


そんなとき、ひょんなことからある講演会に出席することになったのです。なんでも世界ナンバーワンのセールスマンが登壇する講演会だそうで、業界で「営業の神様」と呼ばれるすごい人が、セールスの必勝法について話すのだとか。本当は私の友人が参加する予定だったのですが、その友人から「病気で出席できないので、代わりに行ってくれないか」と頼まれたのです。

「タダで勉強できる、と思って行ってくれ」と友人は言いましたが、正直、私は乗り気ではありませんでした。

当時、セールスに興味がなかったこともありますが、「成功者」とか「トップセールスマン」とか、なんだかキラキラした響きの人たちには近づきたくなかったのです。彼らが放つ、滲み出る自信みたいなものを見せつけられるのが嫌でした。タダで勉強できる機会だからと、自分をだましだまし会場に向かったのです。

講演会当日、私は受付係の人に、友人が病気で来られないので、私がその代わりに参加すると伝えました。

ちょうどその時です。会場の奥にある控室のドアが開き、その日の講演者である「営業の神様」と思しき人が、こちらに向かって歩いてきました。

すぐに彼が「営業の神様」だと気づいたのは、その圧倒されるような見た目からです。

薔薇の花びらもここまで赤くはあるまいと思うほどの、レッドカラーの背広。シワひとつないワイシャツはダークグレーで、白のシルクのネクタイがキリリと締まっている。足元はホコリや汚れが微塵もない磨き込まれたエナメルシューズ、大手を振って歩くその指には、見たこともない輝きを放つダイヤモンドの指輪が嵌《は》まっていました。

「うわー、こういうタイプの人、嫌い」

それが私の「営業の神様」への第一印象でした。

私が受付で思わず固まっていると、「営業の神様」は突然、ババッと私のもとに駆け寄ってきて、勢いよく手を取って強く握りしめました。

「早崎さん、よく会いに来てくれました！　私はあなたが大好きです！　たとえあなたが私を嫌いでも、私はあなたが大好きです！」

そして、初対面にもかかわらず、私のことを引き寄せ、ギュッと抱きしめたのです。

「な、なんなんだ⁉　この人は⁉」

突然の称賛と抱擁、何より「営業の神様」の目の輝きと、唇からこぼれる歯の真っ白さに言葉を失いました。しかし、多額の借金を背負ってアルバイト暮らしの私を、今までそんなふうに受け入れてくれる人はいなかったものですから、心を一瞬にして持っていかれました。

その日の講演内容にも、度肝を抜かれました。
営業の神様はマイクを握って、意気揚々と営業とは何かを語ります。

「営業とはモノを売ることではない」
「営業とは親友づくりである」
「お客さんを親友、家族だと思って愛しなさい」
「営業とは、目の前の人を深く理解し、抱きしめていく、魔法の愛の行為」
「商品の魅力ではなく、営業マンの愛で勝負する」

「営業は相手の人生を幸せにする聖業である」
「二十四時間、三百六十五日、商品やサービスを我が子のように愛すること」
「世界で一番、お客様自身よりお客様の幸せを考えなさい」
「親に心から『ごめんなさい』と『ありがとう』を伝えなさい」
「すべてのセールスは愛である」

一見突飛な教えですが、話を聞けば聞くほど、なるほどと思わせられることばかり。自分には営業は関係ないと思っていたのに、気がついたら手元のノートにはメモがぎっしりと残っていました。

講演会終了後、興奮冷めやらぬ私は、そのまま「営業の神様」に弟子入りを志願しました。セールスを学びたいという想い以上に、この人と一緒にいれば、この人生のどん底、惨めな自分から抜け出せるかもしれないという、不思議な直感が働いていたためです。

さすがに面食らうかと思いきや、彼は快く了承してくれました。

それから三年間、私は営業の神様の「鞄持ち」として過ごすことになりました。そして、二十四時間、三百六十五日、文字通り寝食を共にしながら、付き人として彼の教えを学びました。

本書の物語の中でご紹介した営業手法は「愛のセールス」といい、そんな三年間の鞄持ち時代に「営業の神様」から伝授された門外不出のノウハウになります。プライバシーを考慮し、諸々の設定は変えていますが、本書で登場した「ヤマナシシュウジ」は、私が弟子入りした「営業の神様」をモデルにしています。

「愛のセールス」は一般的な営業手法とは異なります。「営業を愛する」「商品を愛する」「お客様を愛する」「自分を愛する」という四つの哲学に基づきますが、中には常識とかけ離れたものも含まれます。しかし、この愛のセールスこそ、営業の神髄だと自信を持って言えます。営業だけでなく、すべてのビジネスに共通する成功哲学、いや人生哲学と言っても過言ではありません。

この愛のセールスをマスターした者は、どこでも、誰にでも、何でも売ることができるでしょう。そして、思ってもみなかった豊かさを手にすることができるでしょう。

実際、私も愛のセールスを用いて成功を手にしました。師匠から「愛のセールス」の教えをたたき込まれた私は、すぐ、そのノウハウを当時働いていた居酒屋で実践することにしたのです。毎日閑古鳥《かんこどり》が鳴いて傾きかけていた店でしたが、わずか三ヶ月で予約が取れない繁盛店に急成長しました。

自分でもやればできる。自信を得た私は、居酒屋を辞めてセールス代行会社を立ち上げました。売り上げは初年度から一億二千万円を突破し、年間コミッションも七千二百万円を超えました。その後も、毎年数億円の売り上げをたたき出し続け、セールス領域において世界ナンバーツーの成績を獲得するまでになりました。

年収も、手取り十四万円の時代があったことが嘘のように増え、数千万円あった借金を完済しただけでなく、経済的な豊かさも手にすることができました。今ではそのノウハウを広めるべく、営業の学校を開設し講師業に力を入れ、毎年そこから数々のトップセールスマンが誕生しています。

本書はそうした私の実体験にもとづき創作した物語です。

本書のテーマでもありますが、人はなぜモノを買うのでしょうか？

商品自体がほしいからではありません。商品を通じて「人から愛されたい」「誰かに認められたい」のです。この欲求を真の欲望、「スーパーウォンツ」と言いますが、人はこのスーパーウォンツを満たすために、モノやサービスを購入するのです。誰もが「私のことを愛してください、私のことを認めてください、私のことを必要としてください」という看板を首からぶら下げて生きています。

物語の主人公、早崎は最初はモノを売ろうとして失敗します。論理的な話し方を身につけ、魅力的な説明資料を見せることで、お客様にモノを買ってもらおうとしていました。彼は相手にスーパーウォンツがあることを理解せずに、手持ちの商品から条件に合致しそうなモノをあてがおうとしていたのです。これでは、お客様の真の欲望は満たされないため、相手にはそれが最適解だと思えません。

愛のセールスでは、「商品やサービスを売ることを手放し、ひたすらお客様のスーパーウォンツを満たす。お客様の人生がよくなることを、お客様以上に考え、そのためのお手伝いをする」ことを行います。

早崎もそれを半信半疑ながら真似をし、お客様を自分の親友、家族だと思い、まさに愛をもってサポートしました。そこにはセールストークも効率的な営業ルートも存在しません。モノの売り方ではなく彼自身のあり方を変えることで、早崎は道を切り開きました。

本書に登場するお客様たちは、人知れずスーパーウォンツを抱えていました。早崎が彼らの考え方を尊重し、生き方を認め、未来を一緒に考えたからこそ、お客様はその商品を買いたいと思い、決断したのです。早崎が自分の愛で勝負し始めたことで、商品は自然と売れていきました。

自分の価値観や判断を超えて、どんなお客様であっても、完全肯定、完全受容すること。お客様の話に耳を傾け、その言葉の奥に見え隠れする心の痛みは何か？を聞き取ろうとした時、早崎は初めてお客様の幸せづくりの設計図を作ることができたのです。お客様の人生の一番の理解者になり、人生の応援団長になった時、結果としてトップセールスマンになれるのです。

営業とは愛です。自分の仕事を誰よりも愛し、誇りを持ってください。扱っている商品をあなた自身が全力で愛してください。目の前にいるお客様のことを思い、深く深く知りたい、知りたいと愛の熱意を燃やしてください。そして、どんな自分でも無限の愛で受け止め、心を込めて愛すると決意してください。

この四つの愛を理解し体現できたならば、本書の早崎のようにいつでもどこでも、何を扱ってもビジネスとして成功するでしょう。

本書を世に出すにあたり、多くの方にお世話になりました。

ブックオリティの高橋朋宏さんには、出版を実現する上で多大なるご支援をいただきました。SBクリエイティブの吉尾太一さんには、私のセールスのノウハウを「物語にしましょう」とご提案いただき、本の完成まで長期間ずっと親身に伴走していただきました。遠山怜さんには、ノウハウを物語に昇華する上でお力添えを賜りました。この本は私たち四人の想いがつながることで生み出された、ひとつの愛の形だと思います。

また、私のメンターである作家の本田健先生、ヴォルテックスの望月俊孝先生および望月俊亮社長には、本書の完成のために多大なご支援、アドバイスを頂きました。心より感謝申し上げます。

さらに、株式会社アガペーミッションのスタッフ、みなさんの日頃の愛のセールスの実践がなければ、この本は誕生しなかったでしょう。深く感謝します。

そして、妻の朋美、いつどんな時でも私を理解し、支えてくれて、ありがとう。こんなに素敵なパートナーと出会えて、私は幸せ者です。

最後になりましたが、営業とは、お客様の夢を叶える人生のパートナーです。カウンセラーやコーチ、教師にもできない唯一の聖業です。その聖業に、一人でも多くの営業マンが愛を持って携わり、そして世界に愛が広がっていくことを心から祈っています。

二〇二四年五月

早崎郁之

Special Thanks

本田健さん、望月俊孝さん、望月俊亮さん、小田全宏先生、福島正伸さん、渋谷文武さん、清水康一朗さん、吉野真由美さん、平本あきおさん、和田裕美さん、木暮太一さん、坂田公太郎さん、佐々妙美さん、高橋朋宏さん、平城好誠さん、神戸正博さん、叶理恵さんをはじめ、たくさんの方々のご支援のお陰で本書を書き上げることができました。心から感謝の心を込めて、お礼申し上げます。ありがとうございました。

著者略歴

早崎郁之（はやさき・いくゆき）

株式会社アガペーミッション 代表取締役。

1967 年生まれ。大学時代は英米文学を学び、英国オックスフォード大学ワダム・カレッジに留学したのち、オーストラリアの高校で日本語教師となる。

帰国後、１億円以上の資金を投じて、世界 40 ヶ国を飛び回り、世界最高峰のあらゆるセールス、カウンセリング、成功哲学の原理原則を学び、自らの営業哲学を確立する。

その後、営業教材（世界優良企業 FORTUNE Global500 のうち 200 社以上が導入している業績アップの教育プログラム）の販売代理店として５年連続日本一に輝く。さらに、世界的な能力開発プログラムの代理店としても、代理店社長として５年連続個人セールス日本一となる。

現在は世界中のビジネス、セールスの神様たちから学んだノウハウを紹介し、圧倒的な成果を上げる経営者・営業マンを育成する№.１トレーナーとして活躍中。

公式 LINE

公式 HP
https://agape-mission.jp

営業《えいぎょう》の神様《かみさま》 ヤマナシさんが教《おし》えてくれたこと

2024年6月6日　初版第1刷発行
2024年9月6日　初版第5刷発行

著　者　早崎郁之
発行者　出井貴完
発行所　SBクリエイティブ株式会社
〒105-0001　東京都港区虎ノ門2-2-1
DTP　アーティザンカンパニー株式会社
校　正　ペーパーハウス
編集協力　遠山 怜（penlight）
編集担当　吉尾太一
印刷・製本　中央精版印刷株式会社

本書をお読みになったご意見・ご感想を
下記URL、またはQRコードよりお寄せください。
https://isbn2.sbcr.jp/21858/

落丁本、乱丁本は小社営業部にてお取り替えいたします。定価はカバーに記載されております。本書の内容に関するご質問等は、小社学芸書籍編集部まで必ず書面にてご連絡いただきますようお願いいたします。

ISBN 978-4-8156-2185-8